SIN RESERVAS

El arte de comunicarse

SIN RESERVAS
El arte de comunicarse

Nancy Van Pelt

*Autora de diversas obras de éxito
sobre la familia
Directora y presentadora
de cursos y seminarios de orientación conyugal*

editorial safeliz

Colección: **Nuevo Estilo de Vida**
Título: **Sin reservas**

Autora: Nancy Van Pelt
Diseño y desarrollo del proyecto: Equipo de Editorial Safeliz
Procedencia de las ilustraciones: ver pág. 184

Esta obra se publica en **coproducción** para España y las Américas por:

Editorial Safeliz, S. L.
Pradillo, 6 · Pol. Ind. La Mina
E-28770 · Colmenar Viejo, Madrid (España)
Tel.: [+34] 91 845 98 77 · Fax: [+34] 91 845 98 65
admin@safeliz.com · www.safeliz.com

Asociación Publicadora InterAmericana (APIA)
2905 NW 87th Avenue · Miami, FL 33122 · Estados Unidos de Norteamérica
Tel.: (305) 599 00 37 · Fax: (305) 592 89 99

Promueve: **Asociación Educación y Salud**

Abril 2006: 11ª impresión de la 1ª edición

Copyright del texto original © 1989 Nancy L. Van Pelt
Originalmente publicado en inglés con el título
*How to Talk So Your Mate Will Listen
and Listen So Your Mate Will Talk,* por Fleming H. Revell,
una división de Baker Book House Company,
Grand Rapids Michigan 49516, USA.
Copyright de adaptación, diseño e ilustraciones © Editorial Safeliz / APIA
ISBN: 84-7208-102-8
Depósito legal: M-18608-2006

Impresión: Ibergraphi 2002 · E-28830 San Fernando de Henares, Madrid (España)
IMPRESO EN LA UNIÓN EUROPEA
PRINTED IN THE EUROPEAN UNION

ÍNDICE

Prólogo

Comprender
y ser comprendido

L A MAYORÍA de las **técnicas de comunicación** que se exponen en *Sin reservas. El arte de comunicarse,* son de aplicación en todas las **relaciones interpersonales:** familiares, de amistad, comerciales, laborales, escolares, o incluso incidentales.

Con esta obra, **los novios, y los esposos,** aprenderán a intercomunicarse en profundidad y de manera constructiva. Y también **los padres con los hijos, y los hijos con los padres,** aprenderán a establecer mejores canales de comunicación, con lo cual se fortalecerán los lazos afectivos y se podrán superar muchas de las inevitables diferencias generacionales.

En *Sin reservas. El arte de comunicarse,* se ofrece **información,** pero sobre todo **orientación.** En sus páginas encontrará el lector la forma de autoevaluar sus propias pautas de comunicación, y un buen método para **comprender las necesidades** de quienes con el conviven. Podrá además conocer las sutiles, y apa-

«De todos los dones que el Creador ha concedido a los hombres, ninguno es más precioso que el don del habla.»

Ellen G. White
escritora norteamericana
1827-1915

rentemente misteriosas, diferencias que existen entre las pautas de comunicación de cada uno de los dos sexos, así como las fases del proceso comunicativo eficaz y sin reservas.

La autora, presenta una serie de técnicas y estrategias innovadoras, que permiten el desarrollo de la habilidad necesaria para establecer y mantener la intimidad en la pareja. También le ayudarán a conseguir que su cónyuge, si ha dejado de hacerlo, vuelva a **hablar** con usted y a **escucharlo,** con el fin de experimentar juntos el gozo proporcionado por un matrimonio dinámico, interesante y satisfactorio para ambos.

Y, lo que puede ser igual de importante, y de una utilidad enorme, es que el conocimiento previo de todo esto, permitirá a los **jóvenes que inician una relación de pareja** seria, con la mirada puesta en el matrimonio, que conozcan cómo construir una relación sólida, donde la comunicación sea el abono que haga fructificar de modo perdurable su amor. En prácticamente todo, es mejor prevenir que curar, y las delicadas relaciones de pareja no son precisamente la excepción.

Pero como en todos los órdenes de la vida, en este no siempre se ha sabido o podido prevenir. Y a menudo, con buena previsión y todo, ocurre que las cosas no van tan bien como desearíamos.

¿Le contesta su esposo a medias, distraídamente y sin apartar los ojos del periódico, cuando le pide a él su opinión sobre el nuevo peinado que acaban de hacerle a usted en la peluquería, o cuando

le cuenta que a los niños les está costando mucho adaptarse al nuevo colegio?

¿Pone su esposa cara de aburrimiento, cuando usted le intenta explicar entusiasmado en que consiste el plan de renovación iniciado por su empresa, o le enumera las posibilidades del nuevo programa para el ordenador (computadora) que acaba de adquirir?

Claro que no siempre fue así.

Durante el noviazgo y los primeros meses de casados, usted y su cónyuge se prestaban mutuamente gran atención, y conversaban durante horas con alegría y entusiasmo.

¿Qué ha sucedido?

¿Es inevitable que sea así?

Nancy Van Pelt, demuestra que no.

Este libro, que usted tiene en sus manos, puede enseñarles, a los dos miembros de la pareja, a comunicarse como lo hacían de recién casados... ¡E incluso mejor!

La situación de incomunicación o deficiente comunicación interpersonal siempre se puede superar, o al menos mejorar sensiblemente, incluso aunque una de las partes no se muestre dispuesta a ello.

En las páginas de SIN RESERVAS. EL ARTE DE COMUNICARSE, encontrará usted las estrategias que se han demostrado más efectivas para **escuchar y ser escuchado,** y **comprender y ser comprendido.**

Y todo ello de forma entretenida y amena, como en las demás obras de la serie internacional **NUEVO ESTILO DE VIDA.**

LOS EDITORES

SIN RESERVAS

El arte de comunicarse

Comunicarse es comprenderse

Precisamente hoy, en la era de las comunicaciones, la incomunicación se ha convertido en un problema básico en las relaciones humanas, incluidas las de pareja.

Para conseguir comprender y ser comprendido, es necesario que yo conozca y comprenda a mi interlocutor(a)... y a mí mismo(a).

Una necesidad humana básica

La vinculación humana paterno-filial y la conyugal son la base de la familia y de la sociedad, tanto desde el punto de vista biológico, como psicológico y sociológico.

Conseguir una vinculación adecuada debe ser, pues, tarea primordial en todo proceso formativo y de desarrollo humano.

Una actividad que necesita un buen aprendizaje

En todo intento de comunicación, es necesario tener muy en cuenta que lo primero no es que me entiendan a mí, sino que yo sea capaz de captar correcta y plenamente lo que me está queriendo decir mi interlocutor con sus palabras... y con sus actitudes y sus gestos.

Hablar al corazón, y con el corazón

El diálogo siempre es cosa de dos... y sus circunstancias.

El ambiente y la forma de la comunicación es tan importante o más que el propio mensaje que se quiere transmitir.

ESTRUCTURA DE LA OBRA
ver el "Índice", pág. 5

cap. 5. El arte de discutir constructivamente
pág. 81

Los conflictos son algo muy humano

Si deseamos resolverlos de modo positivo, es necesario saber canalizar nuestro enojo, para que no se convierta en resentimiento.

Los sentimientos y emociones son patrimonio de todo ser humano, por eso es necesario saber expresar los propios de modo comprensible, y captar, comprender y saber aceptar los ajenos.

cap. 6. Una relación íntima satisfactoria
pág. 109

Sin reservas y con plena confianza

La intimidad conyugal no se puede alcanzar repentinamente, por muy sincero que sea el amor.
Pero cuando una pareja pone todo su empeño por conseguirla y profundizarla, el gozo que con ello se experimenta es el mayor que se puede alcanzar en esta vida.

cap. 7. La intimidad sexual
pág. 133

Nada más humano que el sexo

Cada una de nuestras células se halla sexualmente diferenciada. Así que la sexualidad no es algo meramente físico, sino que, para que se desarrolle de forma equilibrada y duradera, tiene que involucrar nuestro cuerpo, nuestra mente y nuestro espíritu.

cap. 8. Para iniciar o restaurar una buena comunicación
pág. 157

Sin temor a la esperanza

Aun el aparente colapso de la comunicación, debido a una introversión natural o al distanciamiento de nuestra pareja, resulta remediable si aplicamos los pasos correctos y recabamos el consejo del mejor Psicólogo de la historia.

TESTS de autoevaluación, pág. 175

En la comunicación, después de conocer a una persona realmente, lo fundamental para poder **expresar correctamente** nuestros pensamientos, sentimientos y emociones, es antes **haber captado y asumido** los de ella. De modo que es muy importante que cada uno sepamos hasta qué punto conocemos a las demás personas y en qué medida somos capaces de **escucharlas** con interés y solicitud, y **comprender** los mensajes que recibimos de ellas, y sobre todo en el caso de nuestra pareja.

Los diez principales
motivos de ruptura conyugal
por orden de importancia

1. Comunicación deficiente

Falta de comunicación o una comunicación inadecuada.

2. Pérdida de objetivos e intereses comunes

La convivencia íntima exige **compartir los principios e ideales** fundamentales, así como el mayor número posible de gustos y aficiones.

3. Incompatibilidad sexual

Los casos de auténtica incompatibilidad sexual son rarísimos. Detrás de lo que suele definirse como incompatibilidad sexual, casi siempre se oculta una **falta de auténtico amor**, y una carencia de **sensibilidad** y capacidad de **aceptación.**

4. Infidelidad conyugal

Es lógico que, cuando una de las partes no ha sido fiel a su **compromiso de amor exclusivo,** la parte inocente desee la ruptura; aunque siempre debiera caber la posibilidad de un generoso perdón.

5. Disminución del placer sexual

El **enfrentamiento** o la **monotonía** pueden disminuir, o incluso anular, la necesaria **alegría** que debe acompañar al que, con razón, se llama juego sexual.

6. El dinero

La economía es parte importante de la vida... y también del matrimonio.

7. Enfrentamientos a causa de los hijos

Los hijos, como constituyentes básicos del hogar, pueden ser la fuente de las mayores alegrías... y de los más graves disgustos.

8. Abuso del alcohol o drogadicción

Cada día son más las parejas que se rompen por culpa del alcohol, o de otras drogas; cuando uno de los dos, o ambos, se ven atrapados en sus esclavizadoras garras.

9. Conflictos en relación con los derechos de la mujer

El feminismo y el machismo, cuando chocan, pueden hacer saltar chispas, e incluso provocar un incendio difícil de sofocar.

10. Los suegros

El olvido de que **"el casado casa quiere"**, puede perturbar gravemente la armonía conyugal. Las interferencias de personas ajenas al hogar, incluidos los padres o los suegros, pueden provocar enfrentamientos graves entre los cónyuges.

La prestigiosa revista norteamericana "Redbook" pidió a 730 consejeros matrimoniales (citado por Wayne Rickerson en 'Virtue') que elaboraran una lista de los problemas conyugales más comunes, y que ellos consideraban como causa de ruptura en las parejas. Luego, extrajeron de esta encuesta los diez problemas más frecuentes. Fueron los que aparecen en este cuadro, y a los que hemos añadido nuestro propio comentario en algunos de los casos.

1

Lo primero: buena comunicación

OBSERVE con atención el cuadro de la página anterior: *¿Le parece sorprendente que una **comunicación deficiente** sea la primera causa de ruptura conyugal?*

Los conflictos conyugales surgen cuando la pareja carece de **objetivos comunes** (2º lugar), por lo que cada cual prefiere pasar el tiempo con terceros con quienes se siente más afín.

La **incompatibilidad sexual** (punto 3) no aclara el meollo de la cuestión, ya que todo hombre y toda mujer son capaces de alcanzar la compatibilidad, pues disponen del equipamiento necesario.

La **infidelidad**, y consiguiente ruptura de hecho (punto 4), se produce, en buena parte, como *consecuencia* de los tres problemas anteriores, lo mismo que la insatisfacción sexual (punto 5).

La capacidad para comunicarse es uno de los factores fundamentales en todas las relaciones interpersonales. Por eso, la felicidad de una pareja se halla en relación directa al grado de mutua comunicación que ambos hayan alcanzado.

La incomunicación es uno de los mayores problemas que afectan a las relaciones conyugales en la actualidad. ¿Por qué esperar a que un problema importante amenace su relación para decidirse a cambiar? El momento de hacerlo es ¡ahora!

Un problema de ahora

Me dediqué a examinar un buen número de libros de psicólogos especializados en problemas matrimoniales, publicados antes de 1970, y comprobé que en ninguno se abordaba el tema de la comunicación, a pesar de que en todos se hablaba de la intimidad sexual.

¿Por qué en cambio hoy, en la literatura psicológica, la **comunicación** *ha pasado a ocupar el* **primer lugar** *en la lista de problemas conyugales?*

Años atrás, lo que mantenía unido a un matrimonio era sobre todo la lucha por la **supervivencia material.** Las parejas se preocupaban de proporcionar cobijo, vestido y alimento a su familia. Y tan absorbente tarea no dejaba mucho tiempo para diálogos íntimos.

Hoy, sin embargo, priman las **necesidades sentimentales y emocionales**, pues las materiales las tenemos prácticamente resueltas.

Y el afecto, el cariño, la aceptación, hay que comunicarlos; es decir, compartirlos: dar y recibir.

Causas de la incomunicación

La **primera causa** de la incapacidad para comunicarse adecuadamente es que se trata de algo que **no se enseña.**

En muchos hogares, el marido, de vuelta a casa, dice a su esposa algo así como:

«¿Qué tal, cariño...?», con el aderezo de un par de frases hechas.

Y en muchos casos esa será toda la conversación que mantendrán entre sí antes de acostarse.

Una esposa que se encierra en el mutismo, simplemente porque su cónyuge le ha dicho o hecho algo que no le parece oportuno, o porque este adopta una actitud que a ella no le parece adecuada, tampoco puede decirse que haya comprendido la necesidad y la utilidad del diálogo.

Numerosas parejas se comunican de este modo tan superficial debido a su desconocimiento de los principios básicos que rigen **el arte** de dialogar.

Otra razón, por la que los cónyuges no logran comunicarse de modo correcto y eficaz, es que **temen compartir** sus sentimientos y pensamientos íntimos. El temor de encontrarse con la dolorosa actitud de **rechazo** bloquea el deseo de intercambiar pensamientos y sentimientos.

Una *tercera razón* por la que las parejas no se comunican es que, resulta más fácil evitar y **reprimir** lo que pensamos y sentimos, que aprender a expresarlo correctamente. Esta razón se relaciona estrechamente con la **autoestima.**

Si considero que mis pensamientos y opiniones carecen de valor, ¿para qué intentar tratar de compartirlos? ¿A quién le va a importar lo que yo vaya a decir?

La *cuarta razón* por la que una pareja no puede comunicarse de modo satisfactorio, son los reiterados **fracasos** en los intentos por establecer cauces de diálogo estables. Si, cada vez que uno de los dos cónyuges trata de entablar una conversación íntima, el otro cambia de tema o simplemente da media vuelta, esto puede llevar a creer que la comunicación resulta imposible.

Nuestra forma de comunicarnos, o de incomunicarnos, suele haberse aprendido en la infancia.

¿Ha venido su hijo entusiasmado a contarle algo interesante que le ha sucedido, y usted únicamente le ha dicho en tono displicente algo así como: «Vale, hijo. Bien... está bien... Pero anda, déjame,.que estoy leyendo el diario»?

Ante semejante actitud, un niño entiende que su padre o su madre ha querido en realidad decirle: «Lo que has querido compartir conmigo carece de importancia. **A mí** me da lo mismo todo eso que **a ti** te resulta tan interesante.»

Así el niño llega a la convicción de que lo conveniente es **reservarse** para sí mismo los **sentimientos y emociones,** o, lo que es peor, **reprimirlos.** Como las tortugas: Hay que asomar la cabeza fuera del caparazón únicamente para tomar aire, no sea que uno de los numerosos depredadores que nos rodean nos la arranque de un zarpazo.

¿Así...?, ¿por qué?

La forma que yo tengo de comunicarme, y que a mí me parece la normal y adecuada, lleva la impronta del hogar en el que me crié. Durante los años de crecimiento observamos el modo de expresarse de nuestros mayores, así como el estilo de sus respuestas y reacciones, y, con algunas variantes, los **imitamos.**

Sin embargo, podría ser que mi modo de entablar diálogo entre en conflicto con el de mi cónyuge. Tal vez en nuestra familia se zanjaban las diferencias de opinión con calma y serenidad, pero puede ser que en la familia de mi cónyuge lo hicieran de modo vehemente... o viceversa.

El condicionamiento social

Por supuesto, no todas nuestras pautas de expresión las hemos adquirido en el hogar.

Entre los 5 y los 15 años de edad, un niño pasa mucho tiempo con sus compañeros, y aprende a hablar y a reaccionar como ellos lo hacen.

La forma de comunicarse de las féminas es básicamente distinta de la de los varones, desde el mismo momento en que empiezan a ser capaces de hacerlo. El conocimiento correcto y la aceptación de esas diferencias, nos ayudará a establecer una relación más fluida y positiva con la otra mitad de la humanidad... y con nuestra pareja.

Según los antropólogos **Daniel Maltz y Ruth Borker,** los niños y niñas se adaptan al medio social de distinto modo.

Las niñas

Las niñas juegan mayormente **por parejas.**

Cuando crecen se relacionan con una o varias **amigas íntimas.** Estas amistades se constituyen o se rompen por lo que las niñas se comunican entre ellas. Una buena parte de lo que comparten podría clasificarse como **"secretos".** Si esa información se divulga, la amistad corre el riesgo de truncarse; en cuyo caso, cada cual encuentra una nueva compañera más digna de confianza con quien compartir nuevos secretos. Para las muchachas lo básico en la amistad es **compartir.**

No es frecuente que jueguen en grupos; pero, si admiten a una recién llegada, la tra-

tarán como una igual, hasta que surja alguna dificultad.

Las niñas prefieren juegos de **cooperación,** y cuando cambia esta modalidad, es probable que la amistad termine.

Los niños

Los niños, por su parte, suelen jugar en **grupos** de varios integrantes.

No son tan expresivos como las niñas, por lo que llevan a cabo más **acción** y menos diálogo.

En el grupo se admite con facilidad a un nuevo miembro, quien, una vez dentro, tiene que hacerse sitio. Esto se produce por diversas vías: desafíos y peleas, bromas y fanfarronadas, con lo cual trata de afirmarse como **el mejor,** o al menos con méritos suficientes para pertenecer al grupo.

Y de mayores...

Tanto los niños como las niñas **trasladan** estas actitudes a la edad adulta, no sin antes haberlas **reforzado** durante sus años de crecimiento.

Así que, la mujer, cuando se casa, espera entablar un diálogo íntimo y significativo con su pareja.

La mayor parte de los varones, en cambio, no sienten la misma profunda necesidad de verbalizar su emotividad; en cambio, a menudo echan de menos su círculo de amigos donde la acción era lo preponderante.

Además, la comunicación íntima adquiere un valor distinto para cada cual. Con ella una mujer suele experimentar una gran satisfacción emocional; pero ante un tema confidencial el varón puede sentirse incómodo, e incluso sospechar que es fruto de un problema.

A un niño se le habla y se le da un trato muy diferente que a una niña. A medida que ambos crecen se refuerzan esas pautas, y cada uno llega al matrimonio con **expectativas desiguales** en cuanto al valor del **diálogo** (ver págs. 72-76).

Cada cual escucha de modo diferente, aborda los asuntos de forma distinta, resuelve los problemas partiendo de una escala de valores distinta, tiene prioridades psicoafectivas bien diferenciadas, y busca la intimidad por vías diferentes.

Resulta muy discutible determinar hasta qué punto estas diferencias son producto del condicionamiento social. Pero, si algo está bien demostrado, es que los hombres y las mujeres tienen **concepciones bastante distintas sobre la afectividad.** Más adelante analizaremos algunas de estas diferencias, y cómo combatir los desacuerdos resultantes de ellas.

Genéticamente distintos

*«Hasta hace poco –escribe **Tim Hackler**– se creía que el comportamiento del varón y de la mujer venía determinado por la **socialización.** Se consideraba que el ambiente era el factor fundamental. Sugerir que los patrones de comportamiento masculinos o femeninos pudieran hallarse genéticamente determinados, se consideraba un disparate. Actualmente, sin embargo, se ha desechado esta posición, porque los investigadores de las ciencias sociales y naturales han descubierto numerosas evidencias que confirman las **diferencias genéticas** existentes entre varones y mujeres.»*

Hoy sabemos que entre las semanas 16ª y 26ª de vida intrauterina, el cerebro del feto sufre un proceso de diferenciación debido a causas hormonales. Por eso el cerebro masculino funciona de modo predominantemente **analítico,** y el cerebro femenino lo hace sobre todo **intuitiva y emocionalmente.**

continúa en la página 20

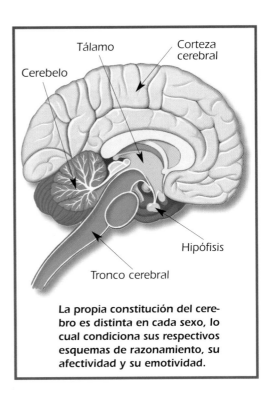

La propia constitución del cerebro es distinta en cada sexo, lo cual condiciona sus respectivos esquemas de razonamiento, su afectividad y su emotividad.

Todos los seres humanos somos una combinación de dos o más de los cuatro temperamentos básicos, aunque lo más frecuente es que uno sea predominante.
Ningún temperamento es mejor que otro. Las diferencias, si no se llevan a los extremos y se canalizan adecuadamente, siempre pueden resultar positivas, sobre todo en el caso de una pareja.

LOS TEMP

Sanguíneo

- **Conversador expansivo y exuberante.** Usa un tono elevado y grita a menudo.
- Se siente compelido a hablar y a ser el **foco de la atención.**
- Tiende a la **superficialidad** y la **exageración.**
- **Mal oyente:** Con limitada capacidad de atención y gran facilidad para distraerse.
- Suele **hablar antes de pensar.**
- Sus decisiones se basan **más en sentimientos** del momento que en el razonamiento analítico.
- Pocas veces disimula su enojo o malestar debido a que es **extravertido.**
- **Explota con facilidad,** pero difícilmente guarda rencor.
- **Alegre, ruidoso, expresivo** y de agradable disposición.
- Como **nunca le faltan palabras** suele ser envidiado por las personas tímidas.

Colérico

- **Extravertido** que también habla mucho, pero de modo **más deliberado** que el sanguíneo.
- En los diálogos **detesta los detalles,** que son el deleite del sanguíneo.
- Tiende a formular numerosas **preguntas inquisitivas.**
- **Se concentra en lo interesante y significativo** de los asuntos.
- A diferencia del sanguíneo, **no demuestra simpatía fácilmente,** y puede mostrarse **indiferente** a las necesidades de los demás.
- Demuestra **capacidad de liderazgo.** Le resulta fácil adoptar decisiones para sí mismo y para los demás.
- **Testarudo, dominante y mandón.**
- Es **intuitivo y rápido** en sus valoraciones y juicios. No confía en los análisis teóricos.
- **Siempre quiere llevar la razón,** y gracias a su **mente aguda** y su **sentido práctico,** con frecuencia la tiene.
- **Suele vencer** en las disputas.
- Cuando discute a menudo es **irónico,** e incluso **burlón y sarcástico.**

AMENTOS

El conocimiento de las características fundamentales del temperamento de nuestra pareja, así como del propio, ayuda a comprender mejor la manera de ser y de reaccionar de cada cual. De este modo se puede conseguir una buena comprensión mutua, que siempre redundará en una mejor comunicación, una mayor y más sólida vinculación, y una intimidad más satisfactoria para ambos.

Melancólico

- **Introvertido.** Resulta difícil enterarse de lo que piensa o siente.
- Confía en el razonamiento **analítico.**
- Su mente inquisitiva posee la habilidad de **valorar todos los aspectos** de cada situación.
- **Hablará después de haber pensado** y realizado un **cuidadoso análisis.**
- Mientras el colérico se aburre con **los detalles,** el melancólico se siente muy a gusto con ellos.
- Puede manifestar **diversos estados de ánimo** y vacila entre altos y bajos: A veces se encuentra retraído, deprimido e irritable; en cambio otras veces se muestra animoso, amigable, e incluso locuaz.
- **Se deja dominar por los sentimientos,** así que a menudo le resulta difícil realizar los ajustes emocionales necesarios en su vida.
- **Perfeccionista, habilidoso, muy sensible.**
- Le resulta **muy difícil expresar sus verdaderos sentimientos.**

Flemático

- **Habla con mesura, calma y reflexión.** Seco y tajante en sus afirmaciones, e incluso a la hora de bromear.
- **Se enoja con dificultad.**
- **Evita las confrontaciones.** Su divisa es: "Paz y tranquilidad a cualquier precio".
- Aunque pocas veces se muestra nervioso, **siente más emoción de la que aparenta.**
- **Mesurado:** No ríe demasiado fuerte ni llora ostensiblemente.
- Sus expresiones faciales son difíciles de interpretar, pues parece **imperturbable.** Causa la impresión de estar distante y de no ser emotivo.
- Se mantiene **ajeno a lo que sucede** a su alrededor, y **no proporciona información** con facilidad.
- Posee una **mente bien estructurada,** y se inclina hacia el **análisis** y la **deducción.**
- Su **estabilidad** lo hace digno de confianza.
- Su **seco sentido del humor** resulta atractivo para muchos, pero puede resultar aburrido para el cónyuge.
- Es considerado **digno de confianza y agradable,** a menos que, su manera de ser calmosa y metódica, irrite a alguien más temperamental.

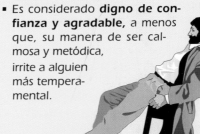

viene de la página 17

Las personas maduras, de uno y otro sexo, tienen que usar ambos hemisferios del cerebro para vivir con plenitud y provecho. Deben combinar, en proporciones variables, según los hechos y las circunstancias, la lógica con los sentimientos.

¡Qué admirable obra la del Creador!: Estableció como dominante en el hombre la capacidad analítica, y en la mujer la emotiva. Ambas son necesarias para que cada uno se realice en su totalidad, y para que transmita una escala de valores equilibrada.

Resulta difícil suponer que damas y caballeros vayan a reaccionar siempre de acuerdo con lo que se espera según su sexo. Así que ni unas ni otros tienen, en un momento dado, idénticas necesidades emocionales o la misma forma de pensar. Pero reconocer que las **diferencias funcionales del cerebro** masculino y femenino afectan al proceso de comunicación, nos ayuda a discernir cómo suele pensar y de qué manera va a reaccionar la otra mitad de la humanidad.

El temperamento

Es posible que no exista otro **factor más determinante** en las relaciones interpersonales, y por lo tanto en la comunicación que las hace posibles, que el temperamento individual.

La teoría de los temperamentos fue concebida por **Hipócrates,** el famoso médico griego del siglo V a.C. Clasificó a los seres humanos en cuatro categorías básicas: **sanguíneos, coléricos, melancólicos y flemáticos** (ver cuadro en las dos páginas precedentes). Aunque en la actualidad existen otras clasificaciones, quizá más precisas, elaboradas por diversas escuelas psicológicas, la hipocrática nos parece que sigue siendo válida para una obra divulgativa como esta, pues resulta sencilla y práctica.

En relación con el tema que nos ocupa, hay que tener en cuenta que, por ejemplo, el sujeto sanguíneo no se comunica de una manera *mejor* que el colérico, el melancólico o el flemático. Simplemente sus pautas de comunicación son *distintas.*

Además hay que tener siempre bien presente que nadie posee un temperamento "puro", sino que todos somos **mezcla** de los cuatro, aunque lo normal es que **predomine uno** de ellos en cada individuo, y que los otros tres temperamentos también formen parte de nuestro propio ser en diversos grados, pero en un nivel secundario.

Puesto que el temperamento viene determinado por la herencia genética, **no se puede cambiar,** aunque sí *canalizar* positivamente.

Buena comunicación

El consenso en los asuntos problemáticos, la satisfacción de las necesidades del espíritu, la comprensión mutua, la satisfacción psicoafectiva y sexual, el establecimiento de objetivos comunes, el desarrollo de la intimidad y la unidad, no pueden alcanzarse sin unos buenos canales de comunicación, y un buen método que nos permita usarlos a pleno rendimiento.

Las pautas ineficaces de comunicación hacen que la pareja interprete mal los motivos, que no satisfaga las mutuas necesidades, que no resuelva los problemas, con lo cual se favorece el distanciamiento. Con el transcurso del tiempo disminuyen las probabilidades de resolver los problemas, debido a los hábitos establecidos y al resentimiento que se va acumulando.

Muchas personas quedan de tal modo atrapadas en la red de sus hábitos personales de comunicación impropios e ineficaces, que llegan a sentirse impotentes para mejorar su situación.

Un gran número de personas se comunican mediante métodos ineficaces, superficiales y hasta inservibles, y nunca se les ocurre que podrían modificar sus pautas de comunicación.

Pero, el **50%** de las **damas** y el **38%** de los **caballeros** de la encuesta que yo misma hice, afirmaban que no cesaban en sus intentos por **mejorar su comunicación** en su matrimonio.[*]

Existe el deseo de conseguirlo, pero se ignora cuáles son los métodos necesarios para vencer los **hábitos** negativos y reemplazarlos por otros más adecuados.

*¿Qué **cambios concretos** necesito realizar **yo** para alcanzar mi objetivo de una **comunicación más eficaz?***

Precisamente el objetivo de esta obra es estimular su conciencia, para que usted, querido lector o querida lectora, capte el proceso de la comunicación.

Al conocer mejor las pautas que usted y su cónyuge están utilizando, podrá evitar las trampas comunes, que atrapan a miles de personas; mejorar notablemente las probabilidades de aprender a comunicarse en nuevos y más profundos niveles; y comprender mejor a su pareja.

Por supuesto es necesario que usted ponga en **práctica** los métodos y técnicas que le proponemos hasta que lleguen a formar parte de su estilo de vida. Solo cuando sus nuevos hábitos devengan automáticos, verá que se producen cambios positivos en sus relaciones interpersonales.

Hágase el **propósito** concreto y definido de mejorar su estilo de comunicación. Luche por ello, tanto si tiene ganas como si no; e incluso aunque su cónyuge no acepte, o no quiera, seguir estos principios.

No se deje llevar por la inclinación a lamentarse, inhibirse, o rechazar a su cónyuge, cuando no observe resultados inmediatos.

Tenga en cuenta que, a menos que usted se comprometa de veras, no conseguirá resultados satisfactorios.

Si anhela fervientemente mejorar su comunicación, se sentirá motivado a aprender cómo hacerlo y a realizar los cambios necesarios.

Tiene que dar **prioridad** a esta tarea, porque con ello contribuirá a alcanzar el éxito en sus relaciones interpersonales, y en especial en su relación de pareja.

Acuérdese de aquella rana, que tratando de cruzar a saltitos un camino de tierra, cayó en el surco de una profunda rodera que habían abierto los vehículos pesados que por allí circulaban. Nuestra pobre ranita brincaba en vano intentando superar las paredes de tierra que la aprisionaban. En cierto momento, varias compañeras pasaron por aquel lugar y la animaron a que saliera del surco.

La rana exclamó desanimada:

–¡No puedo! Lo he intentado ya muchas veces, y no lo consigo.

Las ranas amigas procuraron animarla, pero la rana se rindió, agotada por sus infructuosos intentos. Finalmente las compañeras la abandonaron a su suerte.

Aquel mismo día, un poco más tarde la encontraron dando alegres saltitos por la orilla del río.

–Pensamos que te habías quedado atrapada definitivamente en la rodera del camino. ¿Cómo te las apañaste para salir? –le preguntaron con mucho interés.

–No he tenido más remedio que salir –replicó la rana–. ¡Venía un camión por el surco de la rodera!

¿Qué sentido tiene esperar que la amenazante proximidad de un "camión" ponga en peligro mi relación conyugal, y la aplaste, antes de que me ponga manos a la obra para realizar los cambios necesarios?

Puede ser que usted haya caído en un surco de rodera, pero puede salir de él si encuentra la **motivación** necesaria.

*¡Y, atención, no vamos a encontrar un **momento** más **adecuado** que este para **tomar la decisión** de emprender un camino de mejoramiento!*

---

* Esta encuesta, sobre la comunicación conyugal, la llevamos a cabo entre 500 asistentes a mis cursos de orientación matrimonial. De ellos 350 (149 hombres, 201 mujeres) respondieron al cuestionario. La muestra resulta bastante representativa de la población norteamericana, en cuanto a nivel cultural, social y procedencia étnica. De las 112 preguntas de que constaba el cuestionario he obtenido abundante información, que me ha sido de gran utilidad para la redacción de este libro.

2

La clave: vinculación

NO ES LO MISMO haberse **casado** que estar **vinculados.** Innumerables son las parejas que están casadas, pero cuya vinculación resulta débil, se ha resquebrajado, o se halla en proceso de desintegración.

La vinculación neonatal

Cuando un patito sale del cascarón, se vincula al primer objeto que ve en movimiento. Lo normal es que lo haga con su madre; pero si se quita a la madre del nido, el recién nacido se vinculará a cualquier objeto que se mueva.

Los investigadores han demostrado que un patito se vincula fácilmente a un globo azul arrastrado frente a él por un hilo. Una semana después de comenzado este proceso, el patito sigue al globo cada vez que este pasa cerca de él, para estar cerca de su "mamá".

Se ha comprobado que en los seres humanos se da un proceso similar.

Cualquier pequeña crisis de poca monta, puede separar y dividir a una pareja cuya vinculación sea débil. En cambio, una pareja bien vinculada, podrá superar todas las crisis.

Todo ser humano, desde el mismo momento de su nacimiento, para que su desarrollo psi-coafectivo, e incluso el físico, sea normal y completo, necesita establecer una vinculación directa con sus progenitores. Esta vinculación incluye el contacto físico directo y regular. De ahí la importancia capital de las manifestaciones de afecto en forma de caricias o besos.

Según **Klaus y Kennell** se requieren más de **15 minutos** de **contacto físico directo,** piel con piel, entre la madre y el hijo (también puede ser con el padre u otra persona), durante las tres horas que siguen al nacimiento, para que se establezca una vinculación de máxima intensidad.

Cuando se comparó a los bebés que no habían sido colocados junto a sus madres dentro de las tres horas siguientes al parto, con los que sí habían sido vinculados con las suyas en el nacimiento, se observó que, al final de los primeros tres meses de vida, los primeros pasaban muchísimo más tiempo llorando que estos; aparte de presentar otros trastornos de diversa índole.

Vinculación visual y auditiva

Los recién nacidos pueden volver la cabeza y seguir con los ojos a alguien en movimiento; e incluso pueden imitar algunas expresiones faciales, como sacar la lengua. Esta capacidad desaparece al cabo de unas pocas horas, y el bebé no vuelve a adquirirla hasta varias semanas después.

Las mamás instintivamente emplean un tono especialmente alto cuando hablan a sus hijos pequeños, y los bebés reaccionan a esos sonidos. La madre y la criatura no tardan en vincularse auditivamente, y el bebé comienza a reconocer la voz materna desde muy pronto.

Vinculación táctil

Los rituales de contacto: abrazar, acariciar, tomar de la mano y besar, son necesarios durante toda la vida, pero nunca lo son más que en el proceso de vinculación neonatal.

Ya en 1915, el doctor **Henry Chapin** emitió un informe sobre diez orfanatos norteamericanos, en los que habían fallecido prácticamente todos los internos menores de dos años. Aquellas instituciones no contaban con personal suficiente, de modo que los cuidadores estaban muy recargados de trabajo. Sin el contacto visual adecuado, sin la vinculación auditiva y sin el contacto físico, se retrasaba el desarrollo, y las criaturas enfermaban grave y fatalmente. No resultaba suficiente con proporcionarles una dieta adecuada y buenos cuidados higiénicos.

Los expertos recomiendan que **el padre** incluso se quite la camisa, durante el proceso de vinculación con el hijo, con el fin de aumentar al máximo el contacto físico directo. Toda madre lo hace instintivamente cuando amamanta a su bebé.

En nuestra cultura el **beso** es una forma de vinculación táctil de primera magnitud. Salvo que se trate de personas que padezcan una enfermedad contagiosa, no debiéramos privar a ningún niño del privilegio de ser besado y acariciado.

Incluso el **olfato** es un poderoso agente de vinculación. Cada madre y cada padre poseen un olor característico que los vincula con su criatura. Las niñeras bien informadas pueden tranquilizar a un bebé inquieto colocando a su lado una prenda de ropa del padre o la madre.

Vinculación e intimidad

El zoólogo **Desmond Morris,** parece que fue el primero que se refirió al concepto de vinculación de pareja, pero ha sido el doctor **Donald Joy** quien me ha hecho comprender la importancia de la **vinculación conyugal.**

La vinculación es aquella singular atracción que se produce entre dos personas que se aman, y que va más allá del atractivo físico. Incluye componentes afectivos y emocionales, físicos, espirituales e intelectuales.

La vinculación no solo consiste en la fusión de dos vidas separadas y diferentes, sino además, de sus respectivas mentalidades, personalidades e ideas. Dos personas que habían vivido separadas, y que son diferentes, ahora comparten **valores y objetivos.** Sus esperanzas, sueños y expectativas se enlazan para constituir una unidad.

El don de la vinculación no está reservado para la gente joven y agraciada. A cualquier edad se puede dar este proceso. Cada vez que un hombre y una mujer se enamoran o se reenamoran, el proceso de la vinculación se pone en marcha.

La vinculación de pareja es un **proceso gradual**, aunque a veces pueda dar la impresión de producirse con rapidez. He oído decir a bastantes parejas: «Lo nuestro fue un flechazo: amor a primera vista.»

Pero eso no es propiamente haberse enamorado, sino una fuerte **atracción,** que luego **se interpreta como amor.** El proceso del enamoramiento y la vinculación resulta en realidad bastante largo y laborioso.

Es imposible "unirse" instantáneamente a una persona del otro sexo. Un primer encuentro puede despertar interés e iniciar el proceso, pero la vinculación de una pareja exige un contacto mutuo creciente en frecuencia e intensidad.

Los doce pasos de la vinculación en la pareja

Desmond Morris, en su obra *Comportamiento íntimo,* observa que en la cultura occidental el proceso de vinculación suele producirse en doce pasos o fases, que son las que, con las adaptaciones y comentarios que nos han parecido necesarios para los fines de nuestro libro, exponemos a continuación.

Etapa inicial

Los tres primeros pasos suelen presentarse de modo rápido y no siempre consciente. Muchos vínculos se rompen precisamente por haber pasado por alto estos tres pasos.

1. **Vinculación visual corporal.** La primera mirada percibe las características físicas del otro –estatura, aspecto, edad, forma de vestir–, y de inmediato lo sitúa en una escala de **interés** y conveniencia.

2. **Vinculación visual mutua.** Cuando las miradas se cruzan el corazón late más aprisa, se produce un desconcierto momentáneo, y se desvía la vista en otra dirección. En cambio, cuando el contacto visual se produce entre dos personas que ya han desarrollado lazos afectivos, se hará más sostenido, y se acompañará de gestos adicionales de **reconocimiento y demostración de afecto.**

   Debemos hacer notar que el contacto visual en este nivel es breve. En el paso 7, el contacto visual domina la escena. Esto se relaciona con el hecho de que cuando una pareja sufre conflictos graves, casi no se miran directamente a los ojos cuando conversan.

3. **Vinculación mediante el intercambio verbal.** Los miembros de la pareja pueden aprender mucho el uno del otro durante esta fase, por ejemplo: opiniones, pasatiempos y entretenimientos favoritos, ideas, gustos y aversiones, esperanzas e ilusiones. Una pareja debiera pasar bastante tiempo en este nivel, para **verificar** su grado de **compatibilidad.**

   Cuando entre la pareja los vínculos se han deteriorado gravemente, se da un escaso contacto visual directo y una pobre comunicación. Lo único que suele perdurar son unas relaciones sexuales esporádicas que unen dos cuerpos sin satisfacción sentimental.

Contacto físico previo

Aunque la pareja pasa mucho tiempo conversando, el contacto visual sigue siendo limitado. Durante los tres pasos siguientes pueden producirse abrazos casuales y besos superficiales. Los abrazos prolongados y los besos profundos precipitan el proceso de vinculación, lo cual provoca respuestas eróticas prematuras.

4. **Vinculación mano con mano.** Casi siempre es casual: un apretón de manos, tocar la mano accidentalmente, o bien ayudarla a ponerse el abrigo, o a descender de un vehículo. Si ella trata de evitar el contacto o se molesta al ser tocada, él comprenderá que no debe repetirlo. En cambio, si sus actos de ayuda o protección son aceptados de buena gana, en la relación pueden pasar a tomarse ocasionalmente de las manos, y finalmente permanecer periodos más prolongados con las manos en contacto.

5. **Vinculación brazo-hombro.** Aquí se traspasa un nuevo límite en la intimidad. El acto de colocar el brazo sobre el hombro es un gesto que indica **posesión** y/o **pertenencia.** Revela más que el acto de tomarse de las manos. La relación continúa con un contacto visual limitado y diálogo no muy abundante, pero con **mayor contacto corporal.**

6. **Vinculación brazo-cintura.** En esta etapa se produce una transición. El brazo en la cintura indica que se entra en posesión, o **entrega,** de una mayor porción del cuerpo. Generalmente los dos llevan los brazos formando una equis por la espalda, con el tronco estrechamente unido. Este gesto denota **interés amoroso,** puesto que un hombre no haría lo mismo con otro varón. Notemos que las manos se encuentran más cerca de la región genital que en las etapas anteriores, lo cual constituye una variación significativa.

   Llegados a este punto, en los temas de conversación se abordan las cuestiones vitales básicas, y la pareja llega a conocerse a fondo.

Es el **momento** de proceder al **examen comparativo** de los valores, los propósitos y las creencias de cada cual, para ver si sus **objetivos** pueden resultar realmente **convergentes.** Deben comentar sin reservas lo que cada uno espera del otro para el futuro, y de si ambos se ven capaces de satisfacer esas expectativas. Tienen que averiguar si cada cual podrá, en compañía del otro, desarrollar **sus propios talentos** y seguir **conservando su individualidad.**

Tienen que considerar con seriedad estos y muchos otros asuntos, pues ahora es cuando deben tomar **una decisión** en cuanto al futuro de la relación. Ya disponen de suficientes elementos de juicio para realizar una apreciación de su compatibilidad. Si albergan dudas o reservas sobre cualquier aspecto de la relación, será el **momento de interrumpir** su desarrollo, aunque, si ambos son bastante maduros y considerados, eso pueda dejarles dolorosas cicatrices emocionales. Si no encuentran impedimentos y se entienden bien, la formación del vínculo de pareja continuará su firme desarrollo.

Aunque no se producen contactos sexuales directos, ambos son conscientes de esa posibilidad. La vinculación se encuentra tan avanzada que cualquier contacto genital conducirá a relaciones sexuales, que podrían malograr el proceso de vinculación y generar desconfianza y mucha ansiedad; lo cual posteriormente podría deteriorar las relaciones conyugales. La comunicación es muy diferente. La pareja habla menos y se manifiesta mediante expresiones no verbales.

Etapa corporal frontal

7. **Vinculación bucal mutua.** En esta etapa se producen tres clases de contactos: abrazos de frente, besos profundos y contacto visual prolongado.

   La posición corporal ha pasado de lateral a frontal. El estrecho contacto corporal en esta posición, juntamente con los be-

El brazo en la cintura refleja la posesión de algo que va más allá del cuerpo, al tiempo que revela estrechos vínculos románticos.

sos profundos, producen **sensaciones eróticas** intensas, especialmente cuando estas actividades se repiten o son prolongadas.

Ahora la pareja debe ejercer un firme autodominio, puesto que la posición y la actividad despiertan rápidamente el erotismo. Aunque todavía se encuentran a cierta distancia del contacto genital, el deseo sexual se ha activado y se convierte en un elemento que cada pareja debe tomar en cuenta. Cuando se intensifican las sesiones de besos, **disminuye el diálogo.** Así se comprende por qué la compatibili-

Pocas personas se entregan al ritual del contacto entre cabezas, a menos que estén enamorados o sean familia cercana. En tales casos, este acto denota intimidad afectiva y refleja profundos vínculos de amistad, amor, cariño y confianza.

dad y la calidad de la relación deben quedar establecidas antes del paso 6. Si la pareja ha dedicado tiempo a hablar de todas las cuestiones relativas a su relación, y si ha colocado un fundamento adecuado, ahora es posible que se comuniquen a fondo y sin reservas con menos palabras. El contacto visual mutuo se hace prolongado e intenso. La disminución de la comunicación verbal da paso a la interpretación de las expresiones faciales.

A partir de este punto, las parejas de novios deben ser comedidas en sus mutuas manifestaciones de afecto físico, para no incurrir en actitudes objetables.

8. **Vinculación mano-cabeza.** En esta etapa se usa la mano para acariciar o tocar la cabeza de la otra persona, mientras se besan o dialogan. Este gesto íntimo de tocar o acariciar la cabeza se reserva para

los que han ganado el derecho de hacerlo. En otras palabras, se ha desarrollado un elevado nivel de confianza entre ambos, ya que a pocas personas, fuera del peluquero, el dentista o los miembros de la familia, les permitimos acceso a nuestra cara y cabeza.

Este acto denota, pues, **intimidad sentimental.** Ver a un enamorado deslizar su mano por la cabellera de su amada es una escena conmovedora. Es clara evidencia un profundo y sólido vínculo afectivo, a la vez que una muestra de confianza recíproca.

9. **Vinculación manual corporal.** En esta etapa, las manos exploran el cuerpo. Las caricias en los pechos se convierten en una actividad importante para el varón. **Las caricias íntimas** se llevan a cabo mayormente por encima de la ropa, aun-

que también se produzcan de modo directo. Pronto se hacen más intensas y frecuentes, por lo que a la pareja le resulta cada vez más difícil interrumpir la sesión de caricias para no concluir en el acto íntimo.

Etapa final: intimidad física plena

10. Vinculación boca-pecho. Esta etapa de la intimidad requiere la exposición en privado de los pechos femeninos. Este contacto supone haber cruzado la penúltima frontera de la intimidad sexoafectiva.

A la pareja no le interesa solamente el placer y la excitación erótica, sino llevar a cabo el **acto íntimo**. A la mayor parte de las parejas les resultaría muy difícil detenerse en este punto.

11. Vinculación manual genital. La exploración del cuerpo avanza ahora hasta incluir los genitales. La pareja practica intensamente las caricias íntimas y experimenta repetidamente una intensa excitación erótica. Un buen número de parejas adopta la práctica de la mutua estimulación hasta el orgasmo.

Algunas parejas que se forman casualmente, sin vínculos afectivos, llegan hasta este punto y no siguen hasta el acto íntimo, en su deseo por reservar la intimidad genital para el matrimonio. Pero se trata de un razonamiento engañoso, ya que, según el diccionario, 'virgen' es la «persona que ha conservado su castidad y pureza». De acuerdo, pues, con esta definición, quienes practican las **caricias eróticas** en realidad ya han cruzado la línea de la virginidad.

Además, estas prácticas pueden desarrollar un complejo. Si en este nivel de vinculación aparece una obsesión, o preocupación exagerada, hacia este tipo de actividad erótica, puede ser que la pareja esté adquiriendo malos hábitos, lo cual, en el futuro, puede hacerles difícil la obtención de todo el beneficio y la satisfacción de las relaciones íntimas bien llevadas.

12. Vinculación genital completa. El proceso de vinculación de pareja se completa con el **acto sexual**. De este modo se puede producir un embarazo, y el comienzo de un nuevo ciclo familiar, que supone el nacimiento y la vinculación de la criatura con los padres.

La vinculación conyugal completa se efectúa pasando por estas doce etapas que culminan con el coito. Ahora bien, abarcan mucho más que considerar el placer erótico como el objetivo final. En el caso de la pareja casada, pasar por estas etapas debiera constituir algo consustancial a la vida cotidiana, a fin de proteger un legado del más elevado valor.

Vinculación parcial o errónea

Aceleración u omisión de etapas

Desmond Morris hace notar que cuando se altera la secuencia de los doce pasos del proceso de vinculación de pareja, la formación de vínculos puede verse afectada de distintas formas:

1. **Omisión.** Cuando **se omiten** etapas o no se les dedica el **tiempo suficiente,** el vínculo se debilita y tiende a romperse. Esto sucede porque la pareja no destina tiempo suficiente a **analizar** las cuestiones existenciales básicas –creencias, valores y objetivos– antes de iniciar actividades sexuales prematrimoniales. Una vez que la pareja ha encendido los motores eróticos, olvida otros asuntos que pueden cimentar la relación sentimental. El proceso de vinculación de pareja, o de construcción de una relación interpersonal que durará toda la vida, debe hacerse de modo progresivo durante las primeras seis etapas, ya que en caso contrario producirá un matrimonio débil.

2. **Aceleración.** Cuando una pareja se deshace, por lo general se tiende a abreviar u omitir etapas con el nuevo compañero o compañera.

LAS AVENTURAS AMOROSAS

La vinculación amorosa entre un hombre y una mujer puede producirse con o sin intimidad genital. Y aunque la tendencia es a clasificar todas las aventuras amorosas bajo el mismo epígrafe, existen tres categorías diferenciadas.

La aventura sentimental

La pareja siente atracción mutua, pero no llega al contacto sexual. Aunque el daño que provoca a los involucrados no resulte visible, no por eso es desdeñable.

La aventura erótica

La pareja mantiene relaciones sexuales ocasionales sin que haya intimidad sentimental. A menudo recurren a este tipo de aventuras aquellos que se sienten aburridos con sus relaciones conyugales respectivas; y que no saben, o no quieren hacer el esfuerzo de revitalizar su legítima relación de pareja.

La aventura sentimental y sexual

Las dos aventuras anteriores suelen terminar con el tiempo, pero esta produce una **doble vinculación** (ver página siguiente), que inevitablemente provocará crisis y conflictos, que siempre dejan importantes **secuelas:** dolor, desencanto, problemas económicos, y sobre todo **profundas heridas psicoafectivas,** que en muchos casos resultan **irreparables** para todos los implicados, y para sus hijos.

Por ejemplo Rubén y Susana acostumbraban a dedicarse a sesiones de caricias eróticas (paso 9). Aunque no llegaban a consumar el acto sexual, se habían habituado a este nivel de excitación erótica. A las pocas semanas, Rubén rompe su relación con Susana y busca otra compañera. Trata de inmediato de llevarla al nivel de vinculación 9 (contactos eróticos), puesto que estaba habituado a este nivel de excitación sexual. También Susana encuentra a un nuevo compañero sentimental, pero cree haber perdido capacidad de seducción, pues él no la hace objeto inmediato de atenciones eróticas. Ella misma lo incita a que la acaricie íntimamente, porque sin eso no siente que él la quiera. Ni Rubén ni Susana dedican tiempo, en esta recién iniciada relación relación, a conocer realmente a sus nuevos compañeros.

3. **Presión.** Quien haya mantenido relaciones sexuales, tenderá a presionar a un nuevo compañero o compañera sentimental, con el fin de tener relaciones íntimas lo antes posible. Esto concuerda con el punto anterior. Alguien acostumbrado al nivel de excitación erótica necesario para tener relaciones íntimas completas, encontrará difícil frenar el proceso o detenerse en el paso 9 (caricias eróticas).

Esto constituye un problema serio para las personas solas que hayan estado casadas con anterioridad. Y quizá explique el elevado índice de divorcios en el grupo de los que se casan por segunda y tercera vez.

Donald Joy lo confirma en sus estudios, al llegar a la conclusión de que, una **vinculación defectuosa** de la pareja, es la verdadera razón que explica la elevada tasa de **divorcios** que se está dando en la mayoría de países occidentales.

Es necesario tener en cuenta que las **etapas** que conducen a la intimidad son **predecibles y progresivas.** En este proceso se producen una serie de signos que nos indican cuándo comienza a desarrollarse el amor.

Conviene además que reflexionemos sobre la importancia que tiene **conocer** todo esto, e **informar** debidamente de ello a los adolescentes y jóvenes, con el fin de ayudarlos a **evitar los mismos errores** cometidos en su juventud por quienes hoy son adultos.

La doble vinculación duplica los problemas

La proverbial sabiduría de **Salomón,** también se pone de manifiesto en la cuestión que nos ocupa. Reflexionaba así:

*«Porque a causa de la mujer ramera el hombre es reducido a un bocado de pan; y la mujer caza la preciosa alma del varón. ¿Tomará el hombre fuego en su seno sin que sus vestidos ardan? **¿Andará el hombre sobre brasas sin que sus pies se quemen?** Así es el que se llega a la mujer de su prójimo; no quedará impune ninguno que la toque. [...] El que comete adulterio es falto de entendimiento; corrompe su alma el que tal hace. Heridas y vergüenza hallará, y su afrenta nunca será borrada»* (Proverbios 6: 26-29, 32-33).

La doble vinculación, es decir, el adulterio, puede surgir de cualquier relación de amistad entre un hombre y una mujer, en la que se permita suficiente tiempo, confianza y familiaridad como para que se produzca la vinculación. El respeto es fundamental en las relaciones de amistad o trabajo, si no queremos que estas se deterioren o corrompan.

Los instintos de vinculación de pareja se activan cada vez que se presenta la oportunidad de mantener un **contacto visual prolongado.**

Cuando se alcanza un cierto grado de intimidad entre un varón y una mujer, fácilmente se activan los sentimientos de **empatía o compasión,** lo cual puede despertar el deseo sexual.

Después de un tiempo, a menos que las emociones se controlen con todo esmero, dos personas que no tenían intención de enamorarse, pueden terminar vinculadas sentimentalmente.

Una situación típica relacionada con este tipo de problemas, se produce cuando alguien, atribulado, recurre a una tercera persona del sexo opuesto en busca de solución para sus problemas emocionales o afectivos.

Así se desarrollan vínculos de **confianza e intimidad**. Cualquiera puede quedar expuesto a tropiezos eróticosentimentales cuando presta atención a las confidencias de otra persona.

La vinculación adulterina comienza en muchos casos en el lugar de trabajo, donde se pasan muchas horas al día compartiendo intereses comunes.

La prevención

Existen condiciones que favorecen la formación de vínculos extraconyugales. Conviene conocerlas, con el fin de estar prevenidos, y poder eludirlas a tiempo.

1. **Separación.** En el caso de una pareja bien vinculada, las separaciones breves no afectan el vínculo. Sin embargo, las **ausencias repetidas o prolongadas** someten a tensión hasta a los vínculos más sólidos.

Una amiga mía me preguntó si me parecía conveniente que su esposo aceptara un trabajo mejor remunerado en una población lejana. Ella no quería abandonar su propio puesto de trabajo. El marido volvería a casa cada viernes por la noche y partiría los lunes de madrugada. El suyo se iba a convertir en un "matrimonio de fin de semana". Les aconsejé que él no aceptara ese nuevo trabajo.

La **soledad** nos hace emocionalmente **vulnerables** al contacto con otros.

2. **Tensiones.** Las tensiones cotidianas de la vida, que nos afectan a todos, pueden debilitar los vínculos afectivos. Estas tensiones pueden ser ocasionadas por el trabajo, la situación económica, el exceso de actividad, una enfermedad, un hijo adolescente rebelde, o por multitud de problemas.

El agotamiento, resultante de un fuerte estrés prolongado, puede **atenuar el deseo sexual.** Y cuando eso ocurre, el vínculo conyugal corre serio peligro de resquebrajarse. Si entonces aparece en escena alguien atrayente, puede hacer que resurja el interés por el sexo, y que se establezca con relativa facilidad una vinculación adulterina, como sucedáneo de la relación legítima debilitada.

3. **Depresión.** El abatimiento o los estados depresivos, que se presentan como secuela de un divorcio, un fallecimiento o abandono de hogar, deben superarse antes del inicio de una nueva relación afectiva con alguien del otro sexo. A veces los cónyuges divorciados, o que han pasado por el amargo trance del fallecimiento de su pareja, se lanzan en pos de una relación sentimental tras otra, en un intento por recobrar el equilibrio emocional perdido.

La aflicción profunda convierte a quien la padece en un ser **más vulnerable** y tiende a lanzar a su víctima con rapidez hacia nuevas relaciones afectivas. Se recomienda un período de **recuperación** de por lo menos **dos años** después de un divorcio, muerte o separación, con el fin de recobrar la estabilidad emocional.

Y luego conviene dedicar otros **dos años** más al establecimiento lento, pero seguro, de los vínculos de pareja en la nueva relación afectiva.

Los cónyuges que caen en el adulterio no tienen por qué ser necesariamente promiscuos. Un cónyuge que ha establecido firmes vínculos de pareja, puede dejarse arrastrar hacia otro vínculo. Pero esas relaciones no son siempre superficiales, pues el mismo afecto que existe en la relación legítima se extiende al nuevo compañero o compañera.

Esto no significa que el matrimonio ya esté destruido. El vínculo de pareja original ha sido sometido a fuerte tensión, pero todavía existe esperanza para ese matrimonio, si el cónyuge culpable demuestra un sincero pesar por lo que ha sucedido y por el debilitamiento de la relación. El matrimonio muere únicamente cuando no se expresa aflicción por lo sucedido, o cuando esta es tan solo superficial. Es posible restaurar el vínculo de pareja dañado cuando los cónyuges deciden luchar juntos para lograrlo, en vez de recurrir a la separación o al divorcio.

Vinculación constante

¿Qué conviene hacer para ***mantener firme el vínculo*** *de unión de la pareja?*

¿Es posible ***restaurar*** *el vínculo que se ha debilitado o incluso se ha roto?*

Veamos algunos principios esenciales:

1. **Comunicación verbal.** Muchas parejas fracasan por su incapacidad para comunicarse. Esta es una de las características más fáciles de identificar en una relación conyugal deteriorada.

Cuando una pareja adopta la fórmula del **"discurso"** en lugar del **diálogo,** quizá cada cual hable bastante, pero en realidad no se están comunicando nada. La relación puede estar dominada por una tremenda pugna por el predominio, juntamente con acusaciones, críticas, e incluso humillaciones en momentos de tensión.

La familia, aun siendo la institución humana más antigua, no se libra de los efectos de las limitaciones y deficiencias de cada uno de sus componentes. Para que las consecuencias negativas de esos efectos se puedan superar y reconducir positivamente, es necesario mantener siempre libres de interferencias los canales de comunicación entre todos los miembros del hogar.

Numerosas parejas se comunican por medio de estos procedimientos destructivos. Simplemente no han aprendido otros métodos de comunicación. Continúan en el surco que ellos mismos han abierto, y lo recorren sintiéndose miserables, inútiles y aislados.

Las parejas bien vinculadas, en cambio, son las que han aprendido a mantener abiertos los canales de comunicación. **Escuchan** con respeto y **aceptan** todos los sentimientos y reacciones emocionales de los demás aun cuando no los compartan. Ambos se sienten **libres para interrumpir** ocasionalmente sin temor de que quien tiene la palabra se sienta molesto. No siempre se completan las frases dichas, pero el receptor del mensaje lo comprende. Ambos experimentan **gozo al escuchar** los incidentes referidos por la otra persona. **En la alegría y en la tristeza** ambos se comunican.

Con cierta frecuencia, por encima de la verbalización, se establece la **comunicación mediante signos,** que con el tiempo han aprendido a emitir, y que solo ellos dos saben descodificar adecuadamente. Un ligerísimo gesto, una mirada, una sonrisa… puede significar lo mismo que multitud de frases; pero sin que eso pueda hacer disminuir la necesidad e importancia de la comunicación verbal.

Debido a que estos cónyuges se comunican bien, y se sienten en libertad para expresar lo que piensan y sienten, constituyen un auténtico **equipo** en todo lo que se refiere a la marcha del hogar y la familia; de modo que ahorran tiempo y energías. En caso de surgir **un conflicto, lo encaran constructivamente,** y lo resuelven con un mínimo disgustos y fricciones. Buscan conjuntamente solución a los problemas con optimismo y confianza, partiendo siempre de la premisa de que los acabarán resolviendo de forma satisfactoria para ambos.

2. **Mirarse con afecto.** Algunas parejas nunca se miran a los ojos, por falta de tiempo, por descuido o por pérdida del interés.

El contacto ocular también disminuye cuando hay algo que ocultar. Es difícil mirar a alguien a los ojos y sostener la mirada cuando existe **engaño o encubrimiento** por parte de uno de los dos. La

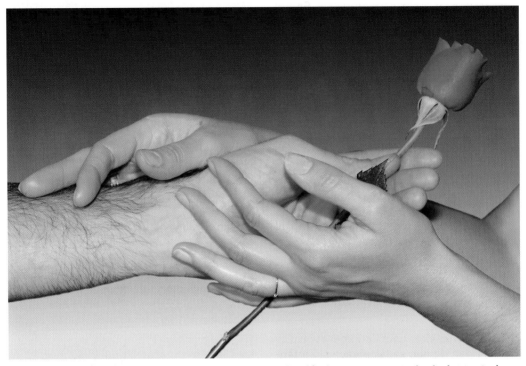

Aunque la palabra es la forma superior de comunicación humana, se puede decir con toda propiedad que a menudo "una caricia vale por mil palabras". Las más bellas y románticas flores verbales, cuando se acompañan de una rosa recién cortada, cautivan doblemente.

mirada posee una gran carga comunicativa.

En una cafetería o un restaurante se pueden distinguir con relativa facilidad los matrimonios de las parejas de novios. Los novios se miran con mucho afecto a los ojos. Comen con lentitud, entre miradas, sonrisas y diálogos. También se toman de las manos. Las parejas casadas, en cambio, suelen manifestar distanciamiento. La mirada, en este último caso se dirige hacia el menú, los platos, las paredes u otros comensales, pero pocas veces se miran a los ojos.

Todas las parejas tienen que **dedicar tiempo a comunicarse con la mira-**

da, pero de modo muy particular cuando están sufriendo una crisis.

3. **Contacto físico directo.** Los niños carentes de manifestaciones físicas de afecto, suelen convertirse en adultos con trastornos emocionales. El contacto físico resulta indispensable para el bienestar psíquico.

Los adultos no son muy diferentes de los niños en lo que se refiere al contacto físico. Todos tenemos necesidades profundas de contacto físico directo y afectuoso y de la intimidad que genera. Los adultos tienen **más necesidad de *caricias* que de relaciones sexuales.**

Algunas personas insisten en que no les agrada que las toquen; piensan que no lo necesitan, o incluso les molesta. Semejante reacción suele tener su origen en una experiencia traumática de la infancia o en una relación matrimonial en la que se han levantado barreras afectivas a fin de aislarse de ofensas reales o imaginarias. Pero hasta la pareja más distanciada, en relativamente poco tiempo puede experimentar un cambio notable en su interacción si practica el sencillo recurso de acariciarse afectuosamente.

Una pareja puede tomarse de la mano cuando camina por la calle o cuando viajan en automóvil; acariciarse con ternura de vez en cuando; acercarse el uno al otro por la noche sin intenciones eróticas; sentarse juntos para ver la televisión; saludarse con un abrazo y un beso después de haber estado separados; darse una palmadita afectuosa cuando se cruzan dentro de casa.

Las mujeres experimentan una particular necesidad de que se las abrace sin intención erótica. Ser abrazadas fuera del dormitorio les proporciona gran satisfacción emocional. Una mujer que asocie cada caricia con un encuentro sexual comenzará a resentirse por ello.

Shere Hite, en su famoso estudio sobre la sexualidad femenina, descubrió que incluso las mujeres que no experimentaban el orgasmo durante las relaciones íntimas disfrutaban de modo significativo con los encuentros sexuales. *¿Cuál era la razón?:* Que la sensación de intimidad, es decir las caricias, y la **proximidad física**, que obtenían de esas experiencias, les resultaban altamente gratificantes por sí mismas.

Una comunicación eficaz, la contemplación mutua y el contacto físico, practicados regularmente, suscitarán sentimientos de ternura, satisfacción personal y seguridad emotiva.

La formación del vínculo de pareja requiere la **inversión *cuidadosa y abundante* de tiempo y esfuerzo.**

Los cónyuges enamorados se comportarán como auténticos amantes, renovando y manifestándose mutuamente su amor. Así, la amistad y el magnetismo mantendrán a la pareja íntimamente unida en una aventura permanente.

Los novios se comportan como personas que se aman. Y los casados también deben actuar como enamorados, recorriendo o repitiendo las etapas de la vinculación, con el fin de **renovar y afirmar** su amor mutuo.

Así el vínculo queda establecido con firmeza y mejora con el tiempo. El mutuo cariño y la recíproca atracción, vincularán sentimental y afectivamente a los cónyuges en una aventura permanente.

"Da gusto llegar a casa... cuando estás tú"

Algunas personas suponen que las entradas y salidas rutinarias carecen de importancia, porque no se dan cuenta de que cada día causamos impresiones duraderas en nuestro cónyuge; las cuales influyen en la forma de relacionarnos a lo largo de ese día, y de los siguientes.

Con una nueva percepción del significado de los saludos cotidianos de despedida y bienvenida, y del tiempo que cada día pasan los dos juntos en casa, una pareja puede favorecer la revitalización de sus relaciones, y darse cuenta de lo positivo que resulta hacer frente a la vida unidos.

Positivo y amable

Volver a casa con la idea de descargar los malos tragos del día sobre nuestro cónyuge, es contraproducente. En lugar de hacer eso, hay que intentar **pensar en al menos un incidente positivo** que hayamos tenido durante el día para compartirlo con nuestra pareja. Las preguntas, los mensajes telefónicos, así como los problemas, pueden presentarse posteriormente. Tengamos siempre presente que **las primeras impresiones son las más duraderas** e influyen en el clima posterior.

Con buena apariencia personal

Cuando tenemos una cita importante procuramos que resulte agradable. Hacer esto entre esposos pone de manifiesto que le damos importancia a nuestro cónyuge. Una esposa que se presenta arreglada de forma cuidada y atractiva, despierta respuestas positivas en su marido. También el hombre debe ofrecer una imagen física lo más agradable posible.

Con una sonrisa

Hemos de demostrar a nuestro cónyuge que ocupa **el primer lugar** en nuestras relaciones humanas, y que no es alguien de quien nos preocupamos cuando ya hemos cumplido con otras tareas o responsabilidades. Una sonrisa puede decir "Te quiero", de forma más significativa que un regalo. La sonrisa no cuesta nada y es fácil de ofrecer. Aun cuando no tengamos ganas de sonreír... ¡vale la pena hacerlo! Una actitud positiva, puede despertar simpatía, a la vez que contribuye a suscitar una buena disposición por parte de nuestro cónyuge.

Un beso y un abrazo

¿A quién no le gusta que su esposa(o), sus hijos, y hasta el perrito, lo estén esperando para recibirlo con muestras de afecto y cariño? Si saludar con besos no es su estilo, realicen los dos cualquier otra manifestación de cariño, como tomarse la mano, darse palmaditas o acariciarse. **El contacto físico es saludable y necesario.**

Preparar el ambiente

Es preciso tomar tiempo para **relajarse** antes de dedicarse a cualquier actividad significativa.

Alguien que entra en su casa, y encuentra a los niños corriendo y gritando por todas partes, la televisión funcionando al máximo de su volumen, y todo en desorden, lo normal es que le entren ganas de volver a marcharse. El cónyuge que llega primero a casa tiene la responsabilidad de poner las cosas en orden, pero **ambos son responsables de mantener una atmósfera placentera y pacífica.**

Los matrimonios en los que ambos trabajan fuera del hogar, pueden necesitar cada día un **periodo de ajuste,** es decir, unos momentos de tranquilidad y relajación. Algunos se sienten relajados después de haber leído el periódico. Otros necesitan escuchar un poco de música. Hay quienes se liberan jugando un rato con los niños.

3

El arte de escuchar con atención

NO SABER escuchar es un problema bastante más común de lo que a primera vista pudiera parecer. Si preguntamos a la gente si cree que sabe escuchar, la mayoría responde: «¡Por supuesto que sí!» La realidad, sin embargo, nos indica que la poco recomendable costumbre de escuchar parcialmente se halla bastante más extendida que la de escuchar con verdadero interés y atención.

(Sería bueno que ahora, usted, querido lector o querida lectora, hiciera una autoevaluación de su capacidad para escuchar, mediante el **test** que figura al final del libro, pág. 177.)

*¿Se da con frecuencia, en las parejas, el mal hábito de **oír sin escuchar**?*

Esta fue una de las cuestiones que intenté averiguar en mi estudio (ver nota, pág 21). Una de las afirmaciones sobre la que los encuestados debían definirse era:

«Mi cónyuge escucha atentamente lo que tengo que decirle.»

El arte de escuchar es, curiosamente, la parte de la comunicación menos comprendida. Ser capaz de escuchar no requiere titulación académica, pero sí aprendizaje.

Obtuvimos el siguiente resultado:

- el **47%** contestó que su cónyuge escuchaba atentamente **"algunas veces"**, **"casi nunca"** o **"nunca"**.

- un **55%** admitió que su cónyuge lo acusaba de **no escucharlo** nunca, la mayor parte de las veces u ocasionalmente.

Muchos de los encuestados se quejaban de que su pareja se distraía con facilidad y manifestaba falta de interés mientras ellos le hablaban. Otros se quejaron de que su cónyuge evitaba mirarlos mientras conversaban.

Las esposas se quejaban de que sus maridos se negaban a escucharlas, y ellos dijeron que sus esposas nunca recordaban lo que se les decía.

Oír no es lo mismo que escuchar

- **'Oír'** se refiere al **proceso automático** en el que las ondas sonoras inciden sobre el tímpano y ponen en acción los pequeños órganos del oído medio e interno, para convertir las ondas sonoras en impulsos nerviosos y transmitirlos al cerebro a fin de que este los interprete.

- **'Escuchar'** es algo que **se tiene que aprender.** El proceso de escuchar consiste en prestar atención a lo que alguien dice, a la música que se difunde, o simplemente a los ruidos, o bien rehusar prestarles atención. Escuchar exige una **selección** consciente de lo que queremos que ocupe nuestra atención.

Los investigadores estiman que pasamos el **70%** del tiempo que permanecemos despiertos, comunicándonos con otras personas: hablando, escuchando, leyendo, escribiendo. Y dedicamos un **33%** de ese tiempo a **hablar** y un **42%** a **escuchar.** Puesto que dedicamos una cantidad considerable de tiempo a escuchar, esta actividad adquiere gran importancia en nuestra vida.

El arte de escuchar

La primera impresión que se tiene es que escuchar es una actividad sencilla. Pero lle-

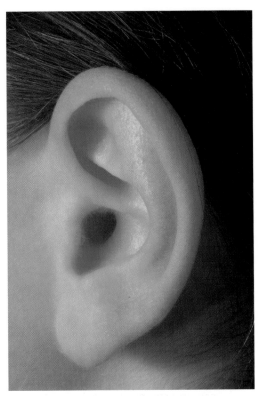

En el de escuchar, como en cualquier arte, casi nunca basta con la intuición o la inspiración. Para conseguir los mejores efectos, es necesario conocer y practicar las técnicas que nos permiten captar a fondo los mensajes verbales y no verbales que recibimos.

gar a ser un **"escuchador"**, es decir un **oyente activo y perceptivo,** es mucho más difícil que convertirse en un orador elocuente.

Escuchar no es fácil porque significa más que percibir palabras. Incluye discernimiento, detección de expresiones no verbales, mantener la atención, contacto con la vista, captar motivos subyacentes, formulación de preguntas adecuadas, dar respuestas apropiadas, y saber cuándo y con que actitud guardar silencio.

continúa en la página 44

"Saber escuchar es saber comunicarse"

A la hora de conversar, hemos de tener presente que, la persona con la que estamos hablando, se halla mucho más interesada en sí misma, y en sus necesidades y sus problemas, que en nosotros y en nuestros propios problemas.

Este hecho que le ocurrió a Dale Carnegie, según cuenta en su libro 'Como ganar amigos...', demuestra que un buen conversador ante todo ha de ser un oyente atento.

«Hace poco encontré a un conocido botánico durante una comida dada en casa de J. W. Greenberg, el editor de Nueva York. Jamás había hablado con un botánico, y me pareció sumamente interesante. Me senté, literalmente, al borde de la silla, y escuché absorto mientras hablaba de jardinería y de cuestiones asombrosas acerca de la humilde patata. Yo tengo en casa un pequeño jardín, y tuvo este hombre la bondad de indicarme cómo debía resolver algunos de mis problemas.

»He dicho que estábamos en una comida. Debía de haber otros doce invitados; pero violé todos los cánones de la cortesía, ignoré a todos los demás, y hablé horas y horas con el botánico.

»Llegó la medianoche. Me despedí de todos y me marché. El botánico se volvió entonces hacia nuestro huésped y tuvo referencias muy elogiosas para mí. Yo era "muy estimulante". Yo era esto y aquello; y terminó diciendo que yo era un "conversador muy inteligente".

»¿Un conversador inteligente? ¿Yo? ¿Por qué, si apenas había insinuado una palabra? No podía haberla pronunciado sin cambiar de tema, porque no sé de botánica más de lo que sé sobre anatomía del pingüino. Pero había escuchado con atención. Había escuchado porque tenía profundo interés en lo que decía mi interlocutor. Y él lo sabía. Naturalmente, estaba complacido. Esa manera de escuchar es uno de los más altos cumplimientos que se pueden rendir. "Pocos seres humanos –escribió Jack Woodford en 'Strangers in Love'– se libran de la implícita adulación que hay en el oyente absorto."

»Fui "caluroso en mi aprobación y abundante en mis elogios". Le hice pensar que yo era un buen conversador cuando, en realidad, no había sido más que un buen oyente.»

Errores que se cometen al escuchar

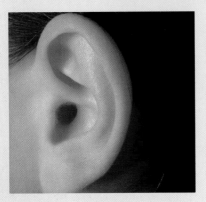

Muchas personas, cuando reconocen que tienen mala memoria, están expresando, sin saberlo, que en realidad no saben escuchar, o no prestan la debida atención en determinadas circunstancias.

Las deficiencias que afectan el acto de escuchar, se producen debido a malos hábitos, como los que se describen en este cuadro.

Interrumpir

Es **el error más grave.** Quienes interrumpen, casi siempre se dedican a preparar la réplica a lo que están oyendo, y no a escuchar lo que se les está diciendo. Solamente se interesan en sus propias ideas, por lo que **prestan escasa atención** a lo que los demás les dicen, y ante todo buscan la **oportunidad de intervenir** con alguna observación que consideran apropiada.

Hay que permitir que la otra persona concluya lo que está diciendo, por muy aburrido o poco acertado que eso nos pueda parecer a nosotros.

Cuando alguien interrumpe a quien está hablándole, comete un atropello, un acto de rudeza, que, para una persona sensible, puede llegar a ser **tan doloroso como una agresión física.**

Falta de contacto visual

Se trata de otro error muy molesto. Los interlocutores que no miran a la persona que les está hablando, dan la **impresión de desinterés y desconfianza.**

En los casos de relaciones interpersonales en proceso de deterioro, las parejas pocas veces se miran directamente a los ojos cuando hablan. Ha desaparecido en ellos la magia de la conversación cara a cara en la que las miradas se encuentran y comunican sentimientos y emociones que las palabras no pueden expresar. En una relación muy deteriorada, una pareja puede dejar de mirarse a los ojos durante semanas o meses. Lo único que tienen en común son episodios esporádicos de actividad sexual, que los dejan

insatisfechos porque sus necesidades psico-afectivas no han sido tomadas en cuenta.

La falta de contacto con la vista se emplea como castigo. Los cónyuges rehúsan mirarse a fin de transmitir su descontento. Negarse conscientemente a mantener contacto visual con el cónyuge es una muestra de **crueldad.**

Quienes deseen restaurar una relación matrimonial deteriorada, deben comenzar por **restablecer el contacto mutuo con la mirada.**

El interlocutor aburrido

El interlocutor aburrido actúa **como si ya supiera todo lo que le van a decir.**

Cuando una mujer oye que su marido comienza nuevamente a quejarse de su trabajo, o él oye como ella se lamenta de lo agobiantes y aburridas que resultan las tareas domésticas, piensa: "Ya estamos de nuevo con lo mismo", y se desconecta de la línea de comunicación.

Evidentemente **hemos de procurar no repetirnos;** pero no hemos de olvidar que, si nuestro cónyuge habla a menudo de lo mismo, es porque **para él o ella se trata de algo importante...** Y espera que nosotros también le concedamos importancia.

El interlocutor selectivo

Elige las partes de la conversación que le resultan interesantes y **rechaza el resto.**

Por ejemplo, un caballero puede estar mirando las noticias mientras su esposa le habla. La mayor parte de lo que ella le dice le entra por un oído y le sale por el otro. Pero en cuanto ella hace mención de gastar dinero... él de inmediato escucha con atención.

Otras personas **no quieren escuchar nada que les resulte desagradable,** perturbador o que rompa la cómoda rutina cotidiana, como el mal comportamiento del hijo en la escuela, o un gasto imprevisto.

El interlocutor suspicaz

El interlocutor a la defensiva **tuerce** lo que se dice y **lo percibe como un ataque personal.**

Una dama le sugiere a su marido que necesita comprarse ropa. Lo que no es más que una solicitud razonable lo pone furioso, al interpretar que esa observación va dirigida contra él por no ganar suficiente...

El interlocutor insensible

Es el que **no logra detectar** los sentimientos o emociones que hay detrás de las palabras.

Una joven esposa pide a su marido que la lleve a cenar a un restaurante. En realidad no necesita tanto eso como recibir la seguridad de que él la sigue amando y está dispuesto a realizar el esfuerzo necesario para complacerla. Si le dice rudamente que no tienen dinero para eso, o que está demasiado cansado, es evidente que no ha percibido el mensaje subyacente.

viene de la página 40

Por lo tanto, a pesar de que, como casi todo lo bueno, exija un cierto **esfuerzo,** vale la pena, pues la recompensa será una mejora sensible en todas nuestras relaciones interpersonales.

Como fruto de mis investigaciones he reducido el arte de escuchar a siete principios básicos (ver cuadro "Errores que se cometen al escuchar", págs. 42-43). Si los aplicamos, todos podemos llegar a ser mejores interlocutores; de modo que, cuando nos toque hablar, seremos mejor aceptados.

Escuchar con todo el cuerpo

'Escuchar con todo el cuerpo' puede describirse como una acción en la cual participan activamente todas las partes visibles de nuestro organismo, de modo que quien habla percibe claramente que se está prestando el máximo interés y verdadera atención a lo que está diciendo. Eso hace sentir al hablante que valoramos y apreciamos lo que dice, y a él mismo como persona.

Escuchar con los ojos

Charles Spurgeon, el afamado predicador norteamericano decía:

«Me resulta molesto incluso si un ciego no me "mira" a la cara mientras hablo.»

¿Cómo se siente, si mientras usted está hablando, su interlocutor mira distraídamente a cualquier sitio, y solo muy de tanto en tanto fija su vista en usted?

Debemos asegurarnos de que nuestro interlocutor **se da cuenta** de que lo **estamos escuchando.** Sin exagerar ni poner incómodo al que habla, hay que mirarlo a la cara. Hemos de evitar pasear la vista por todas partes cuando alguien comparte con nosotros algo importante.

La gente desconfía y sospecha de quienes no miran a la cara durante una conversación. La **desconfianza** es uno de los mayores escollos en la comunicación eficaz. Cuando alguien mira con naturalidad, directamente, transmite confianza y genera seguridad en la relación.

En cierta ocasión se me habían ocurrido dos ideas para presentar en una conferencia. Por la noche, cuando mi marido se hallaba absorto viendo un programa de televisión que le gusta mucho, le pedí que ayudara a decidir cuál de mis dos i... traría mejor el tema que iba a presentar.

Mi esposo bajó el volumen del televisor para oírme mejor, pero sin quitar la vista de la pantalla, me dijo:

–A mí me parecen buenas las dos... Usa la que quieras.

Me dio la sensación de que, a pesar de que me había contestado, en aquel momento para él yo ni existía.

De todas formas me di cuenta de que había sido inoportuna al interrumpirlo. Lo cierto es que me percaté de que su actitud reflejaba falta de interés en lo que yo le estaba diciendo.

Los psicólogos han demostrado en sus estudios que dos personas muy enamoradas mantienen mucho más contacto visual que las demás parejas. Con los ojos se pueden transmitir numerosos mensajes: afecto o indiferencia, aceptación o rechazo, sorpresa o falta de interés, alegría o tristeza.

Escuchar con la cabeza

Un movimiento de cabeza en el momento oportuno da a entender: «Lo comprendo», «Estoy de acuerdo», «Estoy contigo».

Apoyar un dedo en la cara, o rascarse la barbilla o la nuca, por ejemplo, suele demostrar que se está escuchando con atención. Por el contrario, sentarse demasiado cómodamente, puede ser indicativo de falta de interés. Un rostro inexpresivo da a entender: «Estoy aquí, pero no muy a gusto. Así que a ver si acabamos rápidamente con esto.»

Apoyar el mentón en el puño, al estilo de la famosa escultura "El pensador" de Rodin, es tal vez una de las posiciones que mejor denotan una actitud de interés por lo que se está escuchando.

Aunque sin llegar a calcar el comportamiento de su pareja, adapte usted su lenguaje corporal al de ella. Esa técnica de "mirarse en el espejo" favorece una rápida compenetración. Cuanto antes la consigan, más eficaz resultará el proceso de comunicación.

Es conveniente inclinar ligeramente la cabeza hacia la persona que habla como señal de que se está atento a cada palabra que está pronunciando. Y, por supuesto, hay que hacerlo con sinceridad.

Escuchar con las manos

Las manos permiten realizar numerosos gestos que denotan aprobación o desaprobación.

Apuntar con el dedo índice hacia el interlocutor puede interpretarse como un gesto acusatorio. En cambio, extender la palma de la mano hacia uno mismo significa: «Acércate. Me gusta tenerte cerca.»

Hay que evitar garabatear distraídamente o dibujar mientras se escucha. Juguetear con un lapicero o el llavero, o bien cortarse o limpiarse las uñas durante una conversación, son manifestaciones silenciosas, pero molestas y frustrantes, que indican: «Lo que tú estás diciendo, para mí es menos importante que esto que yo estoy haciendo.»

Puede transmitirse cariño al cónyuge tomándole la mano, dándole una palmadita afectuosa, o simplemente con un suave apretón de la mano.

El **contacto físico** resulta *indispensable* para la salud emocional. Demuestra que estamos prestando atención a alguien, genera confianza, y transmite un mensaje que a

45

veces resulta imposible expresarlo verbalmente.

Escuchar con los labios

Esta manera de escuchar incluye la sonrisa y hasta la risa, suspiros, un beso superficial, y otras formas de usar la boca para demostrar interés y cariño.

También las expresiones verbales como: «*Caramba*», «¡*No me digas!*», «¿*De veras?*», y otras expresiones, pronunciadas desde luego con sinceridad, revelan al interlocutor que uno está escuchando con atención.

Escuchar con el cuerpo y la mente

Si queremos aprender a escuchar es preciso poner la máxima atención para detectar ideas implícitas, intenciones y afirmaciones subyacentes en lo que, quien tiene la palabra, está diciendo.

Inclinarse o acercarse un poco más hacia el que habla, es un gesto de interés y de participación.

En toda conversación es necesario **procesar** mentalmente **la información** que se nos ofrece, analizarla, recordarla en un momento posterior, y extraer conclusiones de ella.

La persona que escucha tiene que poder **captar la idea básica** contenida en la comunicación e **interpretar los datos**. La comprensión adecuada del concepto o idea, para poder dedicarle atención intelectual, es una habilidad básica en el arte de escuchar.

Pero, ¡cuidado!, algunas personas con mente lógica y muy analítica quizá tengan dificultades a la hora de escuchar. Podemos estar más pendientes del **continente** que del **contenido,** de la forma como se expresa quien habla que de lo que nos están intentando transmitir.

Si su cónyuge se encuentra entusiasmado y feliz por alguna razón, adapte su manera de escuchar con el cuerpo para que exprese un espíritu de gozo y alegría. Si su cónyuge desea compartir algo con usted, póngase en el **estado de ánimo** adecuado, y manifiéstelo mediante sus respuestas corporales.

La capacidad de escuchar con todo el cuerpo también se puede usar de otro modo:

Si quien me está comunicando algo demuestra un entusiasmo exagerado, yo puedo contribuir a calmarlo respondiendo con mesura y controlando mi propia reacción emocional. Si también yo me entusiasmo excesivamente, sería lo mismo que echar gasolina al fuego. En cambio, si yo hablo con más lentitud, y en un tono más bajo, mientras controlo mis reacciones, ejerceré un saludable efecto moderador.

Pensar y escuchar a la vez

De un idioma a otro hay pequeñas diferencias en cuanto a la velocidad a la que se puede hablar. Ahora bien, según diversos estudios, las personas de hablar más pausado suelen **emitir** de **80 a 100** palabras por minuto. Los hablantes veloces pueden llegar a articular 150 palabras por minuto o más. En cambio todo el mundo es capaz de **asimilar** más de **400** palabras por minuto.

Esto significa que un individuo normal es capaz de pensar cuatro o cinco veces más rápido de lo que habla.

Si usted, querido lector, está escuchando a alguien que le habla a razón de 100 palabras por minuto, pero usted tiene la capacidad de captar a razón de, digamos 500 palabras por minuto, ¿en qué ocupa su mente durante ese **"tiempo sobrante"**?

"No te había oído"

¿Ha pedido usted a su cónyuge que haga algo que usted necesita, y después ha comprobado que no lo había realizado?

Cuando le pregunta por qué no lo había hecho, su respuesta suele ser más o menos:

–No recuerdo que me lo hubieras pedido...

Usted entonces replica:

–Claro que te lo dije.

Su cónyuge se defiende:

–¿Que me lo dijiste? Pues te aseguro que no te había oído. ¿Cuándo me lo pediste?

Este problema se presenta con bastante frecuencia debido a ese periodo de "tiempo sobrante". Lo que nos dicen nos "entra por un oído y nos sale por el otro" sin ser procesado por el cerebro.

Cuando la atención la tiene fijada en otro asunto, el presunto oyente únicamente capta una parte de lo que su interlocutor le está diciendo.

Algunos usan el "tiempo sobrante" para ir **pensando en la respuesta** que van a dar, sin percatarse de que al hacerlo corren el riesgo de perder una parte de la información. Demuestran con ello falta de interés, y no captan el tono y las manifestaciones no verbales, que pueden ser indicio de aspectos más profundos del mensaje.

Para captar plenamente el mensaje de quien nos habla, hemos de usar el "tiempo sobrante", más que en lo que vamos a responder, en **valorar** lo que nuestro interlocutor nos está diciendo y en **procesar** la información que nos está transmitiendo. Esto incluye **observar** sus manifestaciones y respuestas no verbales, y **manifestar interés.**

"Continúa, continúa…"

Una buena manera de escuchar es contestar con una invitación a seguir hablando, bien sea con nuestras **afirmaciones** o realizando **preguntas** adecuadas.

Se trata de dar **respuestas** que no supongan **juicios de valor** sobre lo que el cónyuge trata de decirnos, ni acerca de ninguna de sus ideas o sentimientos personales. Simplemente se trata de invitar a nuestro cónyuge a *compartir* sus pensamientos.

Algunas de las expresiones que demuestran que de veras queremos seguir escuchando, pueden ser: «*No me digas…*» «*¡Qué interesante!*» «*Cuánto me alegra saberlo…*» «*¡Realmente admirable!*» «*Ya veo.*» «*Comprendo.*» «*Continúa, continúa…*»

Estas expresiones revelan que quien está escuchando se interesa por la persona que le está hablando; que él o ella tiene derecho a exponer lo que siente acerca de las cosas, los hechos o las ideas; que el oyente está convencido de que puede aprender algo de su interlocutor; que le gustaría conocer su punto de vista; que sus ideas le interesan de veras. En definitiva, son un **estímulo** a la otra persona para que **continúe hablando,** se aproxime **y comparta** sus sentimientos y emociones.

Concretándonos en la buena comunicación en pareja, necesitamos ofrecer a nuestro cónyuge el máximo de oportunidades para que exprese lo que cree, piensa y siente. En todo momento tengo que partir de la base de que es imposible que **yo *siempre*** esté acertado, o me encuentre en el punto justo de equilibrio… Aun suponiendo, sin embargo, que así fuera, la otra parte tiene ***sus* razones,** así que yo tengo que **escucharlas y analizarlas,** y, por supuesto, **tomarlas en cuenta.**

Preguntas creativas

Las preguntas creativas son más bien propias del arte de escuchar que del arte de hablar, puesto que **no es posible** formular una pregunta creativa **a menos que se haya estado *escuchando.***

Formular preguntas constituye una ayuda de gran valor cuando se trata de obtener información.

Para **conocer** mejor a nuestro cónyuge hemos de hacerle preguntas.

Una pregunta bien formulada, en muchos casos, ha producido una conversación que ha llevado a ambos interlocutores a comunicarse sin reservas en un nivel superior de intimidad.

Esto elimina barreras que provocan separación. Pero al mismo tiempo, las preguntas oportunas, tienen una serie de efectos psicológicos: ponen de manifiesto el **interés** que uno tiene en lo que su cónyuge le

Aun cuando los mensajes no verbales resultan más enfáticos, más intensos y convincentes que los mensajes verbales, también es cierto que sus posibilidades son más limitadas a la hora de expresar conceptos e ideas.

está indicando, expresan **consideración, afecto y simpatía.**

En la aplicación del método de las preguntas creativas hay que tener cuidado de hacerlas con delicadeza; es decir, no se debe entrar en temas que puedan resultar molestos, en cuyo caso pueden tener un efecto negativo.

La comunicación no verbal

Más expresivo que las palabras

A veces el lenguaje corporal sirve para conocer con más exactitud el contenido de un mensaje, por encima de las palabras. Las palabras pueden resultar muy verosímiles,

pero quedar contradichas por el tono de voz. Por ejemplo: *«¡No, no estoy enojado contigo!»*, acompañado por un puñetazo sobre la mesa. O este otro caso: *«Pues claro que te estoy esuchando»,* mientras no quita ojo del televisor, y ni siquiera mueve la vista hacia su interlocutor. O cuando se afirma: *«Y yo también te quiero»,* de forma mecánica y en un tono apagado.

Efectivamente, las respuestas corporales y las exteriorizaciones emocionales forman parte de la **comunicación no verbal.** Se trata de un medio de persuasión silencioso. Incluye la manera de expresarse, el **tono** de la voz y la **velocidad** con que se habla, todo lo cual apoya (reafirma o desmiente) lo que se está diciendo.

Importancia de los mensajes no verbales

Pocas personas conocen la verdadera importancia de la comunicación no verbal. En la comunicación normal se ha calculado que

- las **palabras** usadas constituyen únicamente el **7%** del contenido global del mensaje;

- el **tono** de voz y los **gestos** equivalen al **38%;** y

- la **expresión facial** constituye un sorprendente **55%.**

Debido a que un **93%** de la comunicación se realiza **sin** la intervención de **palabras,** la comprensión de los elementos no verbales tal vez sea más importante que cualquier otra capacidad en el arte de escuchar.

*Cuando usted está **realmente enojado** con su cónyuge, ¿**puede ocultarlo**? ¿Es capaz de contener su irritación sin que su rostro, su postura corporal, sus gestos o su tono de voz, revelen nada?*

De todas formas, es evidente que algunas personas saben encubrir sus mensajes no verbales. Ocultan cuidadosamente cualquier expresión facial, gesto o postura, que pudieran delatar su estado de ánimo. Eso pone en desventaja a quien las tiene que escuchar; ya que únicamente dispone de un mensaje incompleto y carente de matices, en algunos casos muy significativos.

Niveles de la comunicación no verbal

La comunicación no verbal se efectúa en tres niveles:

1. Lenguaje corporal

- Las **posiciones** corporales apoyan o desmienten un mensaje verbal: Los hombros caídos pueden comunicar desánimo; repantigarse en un sillón revela falta de interés; sujetarse la cabeza con las manos es muestra de desesperación; el encogimiento de hombros indica: «Ni lo sé ni me interesa»; sentarse en posición rígida revela tensión; los brazos cruzados transmiten una actitud de desafío. Cuando alguien disiente con lo que se le está diciendo, puede aumentar la **distancia** que lo separa del hablante; en cambio el afecto y la intimidad hacen que dos interlocutores se aproximen más el uno al otro.

- Las **expresiones** faciales forman parte del lenguaje corporal, y constituyen los mensajes silenciosos más incisivos. Los **ojos** producen los más expresivos de los gestos faciales. Su capacidad para cambiar de dirección, de achicarse, de agrandarse, de girar lentamente, así como la velocidad del pestañeo, son indicios del estado de ánimo individual. Un rápido guiño dirigido a la persona amada, puede resultar más expresivo que multitud de declaraciones verbales. Se puede declarar con los ojos: «No tengo interés en ti» o «Eres importante para mí».

Otras expresiones faciales también transmiten mensajes relevantes. Imagine cuánto que pueden dar a entender alzar las cejas, torcer la boca, ponerse "de morros"... Una sonrisa manifiesta ternura y felicidad; el entrecejo fruncido denota tristeza o disgusto.

- Los **gestos** forman parte del lenguaje corporal. Un apretón de manos, un abrazo, el puño cerrado, un portazo, intentos o amenazas de arrojar algo, las manos entrelazadas, la mano cerrada con el pulgar vuelto hacia arriba, una palmada en la espalda... Todo eso transmite claros mensajes.

- La **ropa:** Nuestra forma de vestir es uno de los más claros exponentes de nuestra manera de ser. Vestir con descuido puede ser indicio de una baja autoestima.

El lenguaje corporal pocas veces engaña, porque surge del subconsciente. Una persona puede ocultar sus sentimientos, pero no su lenguaje corporal.

2. La voz

El **volumen** de la voz, la **velocidad**, las **inflexiones** y los **énfasis** tienen más valor (38% del impacto), que el propio sentido de las palabras que se están pronunciando.

El **tono** bromista, el toque de humor o la crítica, transmiten amistad, alegría o enojo.

Los cambios de modulación y de volumen invitan al interlocutor a aproximarse o a alejarse.

3. Indicadores emocionales

Una **lágrima** que rueda por la mejilla, una **risita** reprimida, los **sollozos,** la **risa** franca, los **suspiros,** son expresiones exteriores de sentimientos y emociones, todo lo cual influye directamente en cómo se interpreta el mensaje hablado.

La persona que escucha, y presta atención a los indicadores emocionales, detecta afecto, frialdad, desesperación, amistad, tristeza, hostilidad, comprensión, rechazo,...

Saber interpretar

Hablando en general, la comunicación no verbal se emplea para expresar o destacar emociones.

Norman Wakefield señala:

*«Los **sentimientos y emociones** se expresan con **más facilidad** por medio de canales **no verbales**. Puede que esto se deba a que las emociones son capaces de obrar a través de caminos no verbales subconscientes, mientras que la expresión verbal se halla dirigida por nuestro consciente. Lo que no queremos, o tememos admitir de modo consciente, con frecuencia lo **comunicamos inconscientemente.»***

Ahora bien, el mensaje no verbal resulta más fácil de confundir debido a su inherente **ambigüedad.**

Quien escucha debe usar de su sentido común, y hacer una cautelosa y provisional interpretación de lo que le están diciendo.

Las **percepciones** deben **verificarse,** en primer lugar a través del que habla, para establecer su exactitud.

Además, la comunicación no verbal tiene una **profundidad y precisión limitadas.** Aunque el mensaje no verbal tiene más fuerza, y su impacto inmediato es muy intenso, nunca puede ofrecer ni la **amplitud** ni los **matices** de la **comunicación verbal.**

Así que, a pesar de lo dicho, no debemos llegar a la conclusión de que la comunicación verbal es menos importante que la no verbal.

Tienen funciones diferentes.

La función principal de la comunicación no verbal consiste en **reforzar,** aumentar e intensificar la verbal.

Un oyente puede interpretar con más rapidez el verdadero contenido y el sentido del mensaje, cuando combina adecuadamente la expresión no verbal con el contenido verbal.

Escucha activa

Tendemos a pensar que escuchar es una actividad pasiva.

Sin embargo, cuando nos referimos a 'escucha activa', estamos añadiendo la idea de **interés y participación**.

Escuchar de forma activa supone tratar de **captar los sentimientos y emociones,** que con frecuencia permanecen velados tras la palabra hablada. Pero, quien escucha activamente, va un paso más allá, e intenta **ayudar** al que habla **a expresar** sin reservas sus vivencias más íntimas, cuando es necesario.

Esto puede resultar difícil cuando el que escucha oye críticas, cuando observa la manifestación de una emoción negativa en el que habla, cuando es víctima de una amenaza personal, o si le están diciendo algo que entra en conflicto con sus valores y creencias. Cuando alguien se enfrenta a nosotros, la tendencia natural es dejar de escucharlo, y combatirlo.

Tanto o más que ser comprendidos, todos necesitamos sentirnos aceptados. La aceptación supone que uno es querido tal como es, que uno puede hablar y actuar con sinceridad y confianza, puesto que el afecto de la otra persona no va a menguar por esos errores y fallos que todo ser humano inevitablemente comete.

Cuando me cuenta sus problemas

La escucha activa resulta muy necesaria cuando el cónyuge experimenta enojo, frustración, resentimiento, soledad, desánimo, agravio u ofensa.

La primera reacción, después de enterarnos de esos estados de ánimo, puede ser negativa. A veces queremos discutir, defendernos o inhibirnos.

Pero en la escucha activa, ponemos de lado nuestros sentimientos personales para **ayudar** a nuestro cónyuge no solo a expresar los suyos, sino también a **controlar** sus emociones.

El desahogo de esos sentimientos, con una persona de toda confianza, facilita la búsqueda de una solución.

El hecho de que mi cónyuge pueda ventilar sus **emociones y sentimientos reprimidos** frente a mí, sabiendo que va a recibir **comprensión** y no censura, será un gran paso dado hacia la intimidad.

La expresión de los sentimientos

En la escucha activa, hay que descartar las ideas preconcebidas en cuanto a los sentimientos que nosotros creemos que nuestro cónyuge debiera estar albergando y manifestando.

Requiere **aceptación *total*** del otro, con todo lo que está sintiendo en un momento determinado.

Las emociones de mi cónyuge no son buenas ni malas. Sencillamente **son lo que**

son: algo transitorio, que está ahora ahí, pero que desaparecerá.

Los sentimientos negativos que expresa en determinado momento, no se encuentran grabados de modo indeleble en su cerebro.

También hay que recordar que su exteriorización emocional es una respuesta a la situación momentánea que está viviendo.

Si el cónyuge que se debate en las garras de una emoción violenta, detecta en quien lo está escuchando falta de aceptación o actitud crítica, es fácil que reaccione agresivamente, o que interrumpa bruscamente la comunicación.

En esos momentos difíciles es cuando se pone a prueba el amor, que, si se actúa correctamente, saldrá fortalecido.

La empatía

Se trata de que nos identifiquemos con nuestro cónyuge que sufre problemas, para sentir lo mismo que nuestra pareja siente y ver la situación desde su propio punto de vista. Eso es lo que se denomina empatía.

La empatía consiste en:

«Siento lo que tú sientes, y siento interés sincero por lo que te está sucediendo en este momento.»

La empatía abarca la preocupación solícita por la otra persona. Y escuchar activamente es una manifestación de empatía.

Hemos de recordar que también nosotros estamos transmitiendo mensajes no verbales.

Recordemos que ciertas señales corporales, como asentir con la cabeza, tocar la mano e inclinarse hacia la persona que habla, demuestra aceptación y preocupación solícita.

Debemos usarlas **con eficacia**... y, **¡con sinceridad!**

Qué decir y cómo

Pongamos que una dama está resentida porque su marido no pasa suficiente tiempo con ella.

«Me siento molesta porque casi ninguna noche estás en casa. Y cuando vienes te encuentras tan cansado que lo único que haces es ver la televisión, o te quedas dormido. Me siento sola. Me siento abandonada. Siento que necesito de ti bastante más de lo que estoy recibiendo.»

Esta es una expresión franca y sincera de **sentimientos** personales.

Este caballero escucha con atención para detectar los sentimientos y emociones.

Pero podría suceder que piense que ha pasado suficiente tiempo con ella, y que desee demostrar la exactitud de su aserto citando ejemplos que lo respalden. Tal vez diga:

«¿Qué quieres decir con eso de que no paso suficiente tiempo en casa? La semana pasada estuve tres noches en casa.»

Si hace esto, demuestra que **no está escuchando** para percibir lo que está experimentando emocionalmente su esposa.

La verdad es que esta mujer se considera abandonada, y ni el argumento más elaborado, y lógico, podría hacer que varíe lo que ella siente. Por el contrario la pondría aun más a la defensiva.

El esposo puede estar convencido de que ella está siendo irrazonable, pero en este punto no hay nada que pueda hacer modificar su actitud, a no ser que él escuche lo que su esposa le está diciendo, de tal manera que pueda detectar y *comprender* lo que en ese momento ella está sintiendo.

Lo justo y en el momento oportuno

El marido puede tener sus propias opiniones y sentimientos. Su derecho y la oportunidad de presentarlos ya llegarán.

Pero *este* **no es el momento** de hacerlo.

La escucha activa también requiere que el esposo atienda a todo lo que su esposa tiene que decirle, pero **sin ofrecer soluciones.** Con mucha frecuencia se pretende dar soluciones a la otra parte, **antes de haber comprendido** cuál es el problema.

En la escucha activa, deje usted toda idea preconcebida acerca de cómo debe de sentirse su pareja. En vez de ello, procure sumergirse en su mente, contemple el problema con sus ojos, experimente sus mismos sentimientos e intente ponerse en su lugar.

El doctor **Carl R. Rogers,** eminente e innovador psiquiatra norteamericano, ha dicho:

*«Me impresiona el hecho de que, incluso **una cantidad mínima de empatía** [...], **resulta útil;** aunque es indudable que su utilidad aumenta mucho cuando puedo **captar y formular** con claridad el sentido de la experiencia del otro; es decir, los aspectos que le resultaban confusos o enrevesados.»*

Aun el esfuerzo torpe e imperfecto de un cónyuge suele ser apreciado por el otro.

No es necesario ser psicólogo profesional para demostrar que se siente preocupación solícita por alguien, y que se le está escuchando con empatía.

Entender para comprender

Lo más sencillo y adecuado, para asegurarse de que se está captando el estado anímico de una persona, es contestarle demostrando que se han captado los sentimientos y emociones antes que los hechos:

«Me parece que lo que sientes...» y a continuación se debe añadir el sentimiento o la emoción que nuestro interlocutor acaba de expresar. Insistimos: **lo que él o ella** ha manifestado que siente, **no lo que yo creo** que siente o debiera sentir.

La repetición del sentimiento o emoción expresados, coloca al oyente en situación de escucha activa.

Ejemplos prácticos

Situación 1
"Cuéntame cómo ha sido"

La madre se irrita porque piensa que su hijo está siendo tratado injustamente en la escuela. Dice:

*«Estoy furiosa. No hay derecho. No pueden hacerle esto a mi niño. Me dan ganas de ir **ahora mismo** a la escuela y sacarlo.»*

Respuesta del marido, ya sea que esté o no de acuerdo con su esposa:

«Veo que todo esto te ha enojado bastante. Quizá convenga tomar una decisión. Anda, cuéntame lo que ha ocurrido.»

Es una declaración que favorece el diálogo, porque no supone una toma de posición, y es una **invitación** a que la persona agraviada **exponga** lo que está experimentado en su interior y **el porqué** de su sentir.

Situación 2
"Cuéntamelo todo, por favor"

El marido se encuentra abrumado a causa de los problemas de personal que tiene en su trabajo. No habla mucho en casa, pero su perspicaz esposa nota su abatimiento y le dice:

«Cariño, te veo preocupado por algo. Dime qué te sucede... Cuéntamelo todo, por favor.»

Ella da a entender: «Aunque tú no quieres preocuparme, tus preocupaciones son las mías. Si las compartimos serán más llevaderas.»

«El caso es que yo creo que tiene arreglo, pero... Todos los días estamos en las mismas –cuenta el esposo–. Este Alfredo no me trae más que preocupaciones y disgustos. No me explico como han ascendido a semejante incompetente a supervisor. Es inútil que uno le diga nada.»

*«Últimamente andas muy estresado, ¿verdad? –dice la esposa–. Quisiera **que me hablaras** de toda esta situación tal y **como tú** la ves.»*

Situación 3
"¿Qué es lo que te preocupa?"

El ama de casa, después de una pesada e interminable jornada de labores domésticas:

«Estoy muerta de cansancio. Desde que me levanto hasta que me acuesto no puedo parar ni un minuto... Los chicos, las comidas, mantener limpia la casa –dice mientras se deja caer pesadamente en un sillón–. No puedo más...»

El esposo, en actitud de **acercamiento** y demostrando **verdadero interés:**

*«**Me doy cuenta** de que hoy estás agotada. Y no me extraña. El trabajo en casa es duro. Pero, ¿hay algo **en particular** que te preocupa? Cuéntame.»*

Captar los sentimientos

Observe que en cada una de esta tres situaciones, el interlocutor que estaba escuchando de modo activo respondió adecuadamente al **identificar los sentimientos y emociones** reales, y de inmediato dio a la parte angustiada la oportunidad de que los expresara todos y se liberara de los nocivos.

Pero, evidentemente hay otras formas de mostrar que se ha captado lo que el otro siente, y que empatizamos con quien nos está hablando.

«Comprendo lo que dices. Te sientes...»

«Veamos si entiendo bien lo que me estás indicando: La sensación que ahora experimentas es la de que...»

Responder adecuadamente

Las respuestas que se dan en estos casos deben **concordar con el estado de ánimo** del hablante.

La empatía debe manifestarse sin exageraciones, pero sin quedarse corto.

El cónyuge afligido debe comprender que su pareja siente sincera preocupación por su persona y su situación.

Malos hábitos al escuchar

- **Dar a entender,** a quien tiene la palabra, **que hablando con nosotros está perdiendo el tiempo.**

- **No parar de moverse** de un lado a otro con **impaciencia por alejarse.**

- **No dar señales externas** indicadoras de comprensión.

- **Anticiparse** a lo que va a decir quien tiene la palabra, o **completar sus frases** sin dejar que termine.

- Expresar en otros términos lo expuesto, con el fin de **darle un sentido distinto** del que tenía originalmente.

- **Formular una pregunta que ya ha sido respondida.**

- **Contradecir** lo que ha dicho el hablante, sin darle oportunidad a que pueda aclarar su sentido.

- **Interrumpir el diálogo** para hablar por teléfono o para dirigirse a otra persona.

- **Acercarse en exceso** a quien nos está hablando.

Los malos hábitos abundan porque no hemos sido instruidos adecuadamente. Escuchar es el aspecto más descuidado y menos comprendido del arte de comunicarse. Escuchar perceptivamente no requiere un título universitario, pero tiene que aprenderse. Y es necesario ejercitarse para conseguir hacerlo bien.

Pocos episodios, en los que participa el que escucha de forma activa, terminarán con una sola contestación.

En general, cuando se expresa verbalmente un problema serio, el episodio continuará durante una serie de intercambios verbales.

Quien escucha debe continuar tratando de detectar lo que siente la otra parte, y seguir actuando como **válvula de escape** para la expresión de sus emociones.

La mejor manera de resolverlo

Volvamos a la *Situación 3,* en la que el ama de casa se siente al límite de su resistencia. Su marido responde de forma apropiada, y luego procura **detectar** ***prudentemente*** si lo que ella ha dicho refleja realmente **el verdadero problema,** o si existe otra situación conflictiva oculta.

Ella (deteniéndose para considerar la pregunta): *«Sí, creo que podría soportar toda esta presión que me agobia si pudiera convencerme de que tú realmente te preocupas por mí.»*

Él: *«Ya veo. Así que te parece que no me preocupo por ti de modo suficiente, y eso te hace sentirte muy frustrada.»*

Ella: *«Es que antes solíamos tener tiempo el uno para el otro... para hablar... para salir juntos... solos, tú y yo. Hace meses que no salimos sin los niños. Cuando termino de darles la comida y de acostarlos, estoy tan cansada que ya ni siquiera me importa verte o no verte. Y no digamos nada de hablar contigo o de hacer el amor.»*

Él: *«Si no te estoy entendiendo mal, la verdadera razón por la que te sientes molesta, es que notas que nos estamos separando en vez de estar uniéndonos.»*

Ella: *«Justamente. Dedicas tiempo a jugar al tenis dos veces por semana, y sales con los amigos; pero no tienes tiempo para mí. Parece que nunca falte tiempo y dinero para hacer lo que a ti te apetece.»*

Él (molesto, pero no a la defensiva): *«Te parece que no estoy siendo justo contigo, lo cual, lógicamente, te duele.»*

Ella: *«¡Eso es! En realidad no me incomoda todo lo que me toca hacer. Más bien me gusta. Pero tengo que notar que tú te interesas por mí y por mis cosas, que formamos un equipo y no somos dos personas que van cada una por su lado. Bueno... Estoy agotada. Apaga la luz y durmamos.»*

Lo bueno, lo mejor... y lo más oportuno

La esposa cortó abruptamente la conversación.

El marido **no se defendió** en ningún momento, a pesar de que pensaba que su cónyuge estaba exagerando.

Tampoco intentó **resolver** el problema **en ese mismo momento.**

El agravio manifestado por su esposa lo conmovió.

Habría sido muy fácil aplacarla diciendo:

«Conforme. Comenzaremos a salir juntos una vez por semana sin los niños. ¿De acuerdo?»

Eso habría resuelto el problema de inmediato, pero, ¿qué habría sucedido con todos los sentimientos e ideas negativas, que la esposa había ido almacenando dentro de ella, acerca de lo que percibía que le estaba sucediendo a su relación conyugal?

En lugar de intentar resolver el problema al instante, el esposo le permitió que **ventilase** su resentimiento, lo cual era un auténtico acto de interés y preocupación por ella, la cual serviría para unirlos más estrechamente.

Quien está seguro, cambia

Ella **compartió** su preocupación; él manifestó **interés** genuino. Eso constituye una magnífica muestra de intimidad.

SIETE REGLAS BÁSICAS PARA APRENDER A ESCUCHAR

Escuchar parece de lo más fácil, pero requiere un aprendizaje. No basta con oír. Escuchar requiere atención y disciplina. Estos siete principios se han demostrado eficaces para captar a fondo los mensajes de un interlocutor.

1. **Mirar a la cara.** Si se está haciendo otra cosa, hay que dejarla y fijar la mirada en la del interlocutor; aunque no constantemente y con aire de superioridad, o de modo inquisitivo.

2. **La postura es significativa.** Cuando se está sentado, inclinarse ligeramente hacia adelante, es una clara **manifestación de interés** por lo que está diciendo quien tiene la palabra.

3. **Revelar con los gestos interés** por lo que se está escuchando, pero sin exageraciones: levantar las cejas, inclinar la cabeza asintiendo, sonreír cuando la conversación lo requiera...

4. Acompañar la actitud de escuchar atentamente con **frases apropiadas** como: «Estoy de acuerdo», «¡Claro, claro!», «Comprendo tu punto de vista». A todos nos gusta comprobar que nuestro interlocutor

está captando las ideas que estamos intentando transmitir.

5. **Hacer preguntas sensatas, corteses y oportunas.** Se puede animar a la persona que habla formulándole preguntas que muestren el genuino interés del oyente.

6. **No interrumpir ni contradecir:** Es preciso que se deje, a quien está hablando, que dé por terminada la **exposición completa de su pensamiento** antes de empezar a manifestar el propio. Y nuestro propósito no tiene que ser, **en ningún caso, demostrarle** a la otra parte **que está en el error**, sino exponer asertivamente y **en primera persona del singular** nuestro punto de vista.

7. **Escuchar todavía un poco más.** Cuando uno piensa que ya ha terminado de escuchar, debe prolongar su atención durante treinta segundos más.

Si el lector, o lectora, practica el arte de la escucha activa, seguro que notará cambios positivos.

Puede ocurrir que sus propias actitudes u opiniones cambien, al comprender mejor lo que siente la otra persona.

Trate de que esta sea una experiencia y revelación estimulantes en su vida.

Cuando yo me intereso con sinceridad por las experiencias de otras personas, es-

toy abriendo la posibilidad de reconsiderar mis propias vivencias.

La **introspección** y la **autocrítica** pueden resultar muy incómodas para alguien que está a la defensiva, porque no puede soportar exponerse a ideas y puntos de vista diferentes de los propios.

Una persona madura y flexible **no teme** tener que **modificar su conducta** influida por los demás; por eso experimenta paz interior y libertad, incluso en un estado de confrontación con su cónyuge.

4

El arte de hablar con delicadeza

MIENTRAS fuimos novios –cuenta Sara–, pasábamos mucho tiempo conversando. Éramos **amigos** íntimos. Podía contárselo todo a Eduardo y también él lo compartía todo conmigo. En cambio ahora, hablamos muy poco, y cuando lo hacemos muchas veces terminamos peleándonos. Nos cuesta mucho trabajo discutir serenamente, incluso sobre las cuestiones más nimias.

Sara y Eduardo se casaron aferrándose a aquella errónea creencia que suele formularse más o menos así:

«Si nos queremos, ¿qué más da?»

Por supuesto que, en una pareja, cuanto más intenso sea el amor por parte de los dos, tanto mayores serán las posibilidades de que su relación tenga éxito. El **amor sincero,** sin embargo, **no evita automáticamente** la posibilidad de incomprensión y de heridas mutuas.

Del único método que Sara y Eduardo disponían, para resolver sus problemas, era

> **La función más importante de la comunicación verbal no es proporcionar información, sino establecer una relación. Cuando se comparte es posible convertir a un desconocido en un amigo.**

El amor es, sin duda, el principal ingrediente de un matrimonio de éxito; pero además se necesita la capacidad y la habilidad de expresarlo. Para una empresa tan compleja y trascendental como el matrimonio, hace falta preparación y aprendizaje.

el de comentarlos sin reservas. Pero, cuando se alberga resentimiento o agresividad soterrados, o la conversación se salpica de frecuentes insinuaciones indirectas, no es posible resolver el problema con un simple diálogo. Las discusiones, en este caso, se vuelven interminables, y sirven únicamente para enredar más aún la situación, lo cual puede abocar a ambos cónyuges a un callejón sin salida.

Sara y Eduardo, sin percatarse de ello, habían entrado en la nefasta rueda de la **mutua provocación.**

"Habladlo"

El consejo que se suele dar a las parejas que no se llevan bien es: *«¿Por qué no lo habláis con calma?»*

Se supone que ambos son **capaces de expresar** lo que sienten y piensan, **y de comprender** lo que cada cual dice.

Ahora bien, concentrarse **solamente en** el análisis de **las palabras o expresiones** que originaron un malentendido no remediará la situación.

En muchos casos, el **verdadero origen** de los malentendidos y las dificultades, radica en el lenguaje corporal, el tono de voz, las insinuaciones veladas, las suposiciones, los significados atribuidos a los términos o vocablos, o el resentimiento proveniente de experiencias similares pasadas.

Mediante el diálogo podemos expresar sentimientos y emociones. Su función básica **no es proporcionar información,** sino el establecimiento, desarrollo y mantenimiento de **una relación.** La *calidad* de esta relación depende en gran medida de la **capacidad** de cada uno **para expresarse** verbalmente, así como la de **saber captar** los mensajes del interlocutor.

Diálogos destructivos

A menudo, incluso inconscientemente, emitimos expresiones que producen enemistad y separación.

En este caso se trata **"diálogos destructivos"**, en los que cada parte lo único que hace es **reincidir** en su propia posición queriendo **imponer** su criterio, sin prestar la debida atención a los argumentos y razones del interlocutor. Incluso se da lo que algunos califican con las expresiones paradójicas de **"diálogos-monólogo"** o **"comunicación aislante o incomunicante"**.

De este modo, en lugar de mantener o restablecer el diálogo y la comunicación, cada parte se aísla cada vez más, con lo cual no se favorece más que el alejamiento mutuo, y se camina hacia una ruptura de la relación interpersonal.

Veamos a continuación algunos ejemplos de este tipo de **pseudocomunicación,** donde cada cual quiere expresar lo que siente, sin tener en cuenta la sensibilidad del otro, y prestando escasa o nula atención a lo que le intenta decir.

Ordeno y mando

Algunas personas utilizan un **lenguaje autoritario** que provoca, casi automáticamente, el que su cónyuge se muestre a la **defensiva:** *«Ven acá... ahora»*, *«Apresúrate».*

También emplean advertencias y amenazas: *«Si vuelves a hacer lo mismo...»*

Otra forma cruel de tratar al cónyuge es echarle en cara aspectos relacionados con su formación o ideología: *«No sé en qué se te nota todo lo que has estudiado.»* *«¿De qué te sirve ir tanto a la iglesia?»*

A casi nadie le complacen las órdenes, y menos aún las amenazas: *«Más vale que lo hagas, porque si no...»*

"Eres un desastre"

Mucha gente emplea **expresiones humillantes** en las discusiones, aunque conozca su **efecto deprimente.**

Juzgan, critican, culpabilizan: *«No es mala idea, teniendo en cuenta que viene de ti.»* Ridiculizan y avergüenzan, si no es que insultan: *«Has quedado realmente mal. Como siempre. A ti no hay quien te cambie.»*

James Dobson habla de un juego que algunas parejas practican, y que él denomina *"aplastar al cónyuge".*

En este malicioso juego –generalmente el esposo, dice este psicólogo– el participante trata de **castigar** a su cónyuge ridiculizándolo y avergonzándolo en presencia de otras personas. Puede herirlo y agraviarlo cuando están solos, pero frente a sus amigos intenta despedazarlo. Y considera que ha tenido éxito si logra hacerle perder los estribos y que llore o dé un desplante.

"No aciertas ni una"

El **"corrector"** siente la compulsión de concentrarse en la información exacta, según su criterio. **Interrumpe** a su cónyuge con frecuencia, en un intento por **atraer la atención** sobre sí mismo a la vez que **desprestigia** a la otra parte, rectificando cualquier detalle de la información que está ofreciendo:

«El miércoles, cuando fuimos a cenar al restaurante, con el director de tu empresa...» Conmiserativamente y en tono cansino, interrumpe: *«Fue el martes, y no era el director, sino el jefe de personal.»*

Típica demostración de una lamentable falta de delicadeza, al no dejar que otra persona cuente los hechos tal y como los ve, y mucho más cuando sus pequeños errores no desvirtúan el mensaje que desea transmitir.

Siempre a la contra

«El sábado por la noche dan un concierto en el Centro Cultural...» *«Pero nosotros no iremos porque...»*, se apresura a comentar incluso antes de que el cónyuge haya expresado su deseo de asistir, o si únicamente iba a hacer algún comentario sobre el hecho enunciado.

El tono, la velocidad y el volumen

La voz puede ser fuerte, suave, áspera y airada; o bien tierna, conciliadora y calmante. El tono de voz, que representa el 38% del contenido comunicativo de cualquier mensaje, puede predisponer favorablemente al interlocutor o provocarle rechazo. Aparte del contenido verbal, es el factor que ejerce una mayor influencia en cualquier mensaje hablado.

El tono de la voz, el volumen, la velocidad de expresión, el número y la duración de las pausas, la vacilación, la intensidad, así como la emoción expresiva, resultan más significativos que las propias palabras.

El tono y la emoción

La influencia de cualquier palabra o frase, depende tanto de su propio **significado** como del **modo de expresarla**. Algunos mensajes llevan una **carga emocional** tan fuerte, que **contradicen** la realidad que expresan.

Incluso algunos **matices muy sutiles** pueden contradecir la literalidad del mensaje al añadirle una dimensión totalmente distinta.

«¿Cómo te ha ido hoy, cariño?», puede resultar una pregunta candorosa y tierna, o puede destilar sarcasmo o ironía, dependiendo del tono que se haya empleado.

Dos personas pueden pronunciar idéntica frase, y sin embargo en cada caso el mensaje es enviado y recibido de forma diferente, incluso opuesta debido a la entonación que acompaña a dicho mensaje.

La velocidad

La rapidez con que se habla **puede alterar el significado** del mensaje.

Quien habla a gran velocidad, quizá resulte expresivo y persuasivo; pero también puede que confunda a una persona lenta o calmosa. Para otros, quien habla con lentitud resulta irritante, porque da la impresión de apatía e indiferencia.

El volumen de la voz

El volumen puede emplearse para **calmar o irritar.** Una voz fuerte, airada es un **arma eficaz** en la mayor parte de las **discusiones.** Sin embargo, los **tonos bajos y suaves** resultan muy eficaces para **captar la atención.**

Muchas situaciones tensas pueden suavizarse modulando la voz de modo apropiado. Una discusión acalorada puede sobrellevarse mejor si se baja el tono de voz. Una voz suave puede tranquilizar y reconfortar a un cónyuge afligido y dolido. **Salomón** dio esta útil indicación: **«La blanda respuesta quita la ira»** (Proverbios 15: 1).

. . . .

La voz humana puede transmitir **mensajes fríos o de indiferencia,** o bien puede expresar **ternura, preocupación solícita y verdadero interés.**

Es necesario llevar a cabo todo el esfuerzo que haga falta, con el fin de modificar los hábitos negativos y avanzar hacia la adquisición de un tono de voz agradable, que resulte eficaz para apoyar el contenido de cada mensaje.

Multitud de problemas, fruto de una comunicación deficiente, se podrían evitar si se permitiera a cada cual expresar su **pensamiento completo,** antes de saltar con conclusiones que a menudo resultan erróneas.

Cambio de tema

Algunas personas discuten y usan evasivas o subterfugios, o bien presentan objeciones triviales, que ahogan la comunicación conyugal desde su misma base.

Sin un cambio de actitud, los problemas no encontrarán solución.

Callarse no siempre es lo mejor

Numerosas mujeres se quejan de que sus maridos rehúsan hablarles, y de que no hay manera de conseguir que lo hagan. Esos esposos se comunican en un nivel trivial, o se refieren meramente a los hechos acontecidos. Otros son tan dogmáticos y autoritarios que rehúsan todo análisis ulterior, y dirimen la discusión mediante edictos inapelables.

Frecuentemente se utiliza la mordacidad para escabullirse: *«¿Qué quieres decir con eso de que no hablo? ¿Acaso no lo estoy haciendo ahora?»*.

En esta situación podemos considerar al **silencio** como un **"mensaje destructivo".** El silencio implica una actitud que trasciende a la expresión verbal, y se refleja en gestos o expresiones adustas.

La persona que se retrae está dando a entender: *«Dadas las circunstancias, no tenemos nada **importante** que decirnos.»*

Pero, ¿acaso es poco importante salvar, o revitalizar, la relación conyugal?

El matrimonio significa **participación,** que es lo opuesto a la indiferencia o el alejamiento.

Poco se puede hacer cuando el cónyuge decide no hablar; pero, en la mayoría de los casos, sí se puede hacer mucho para averiguar, y resolver lo que está provocando ese silencio.

El remedio adecuado no consiste en rogar, enojarse o reaccionar de igual modo. Hay otras estrategias con las que se puede conseguir que el cónyuge se abra. Un método eficaz es decirle: *«Hay veces cuando me parece que te cuesta comunicarte conmigo. Tal vez eso se deba a que estoy haciendo algo que te lo dificulta o impide. Me gustaría comentarlo contigo para darme cuenta e intentar cambiar en todo aquello que sea necesario.»*

Si ni aun así obtiene respuesta, podría añadir: *«Tu silencio **me hace pensar** que estás enojado(a), herido(a) o molesto(a) a causa de algo. ¿Es esto lo que **estás tratando de decirme**?»*

Casi todo el mundo prefiere discutir antes que tener que enfrentarse al silencio del cónyuge.

La lista de actitudes que aniquilan la comunicación verbal resulta casi interminable. Un cónyuge no puede controlar los mensajes destructores enviados por el otro, pero **puede dejar de emitir** él mismo esos mensajes deletéreos. Cuando usted lo haga, notará que se restauran los vínculos de unión con su pareja, incluso sin haber realizado un esfuerzo concreto en esa dirección.

Ambos se darán cuenta de que están **más unidos** cuando no tengan que luchar con la acumulación de ofensas y heridas causadas por la comunicación que destruye en vez de construir.

El poder del lenguaje corporal

*«Lo que tú **haces** grita tan fuerte que no me deja oír lo que estás **diciendo.**»*

Las **actitudes** que tomamos en la vida pueden "decir" mucho **más que las palabras** que pronunciamos.

"Un grito en la oscuridad"

Un difundido caso real que ocurrió en Australia, es un ejemplo impresionante, a la vez que trágico, de la **preponderancia del**

continúa en la página 66

Los cinco niveles de la comunicación

John Powell, en su libro titulado "¿Por qué temo decirte quién soy?",
habla de cinco niveles de comunicación.

La comprensión de lo que suponen estos niveles, resulta indispensable,
si queremos sostener diálogos satisfactorios y productivos.

Nivel 5
Las obviedades

Es el nivel de las **conversaciones superficiales**: «Parece que va a llover», «¿Cómo estás?», «Cuánto me alegro de verte...»

Cuando preguntamos «¿Cómo estás?», si nuestro interlocutor se pusiera a contárnoslo, nos produciría una cierta desazón. Sin embargo, cuando estamos **con desconocidos, es mejor recurrir a los tópicos u obviedades** que permanecer en un desconcertante silencio. Por otra parte esta situación es asumida en las relaciones sociales comunes, y quien responde, por lo general acepta el tópico con otro tópico, sin más profundidades. Ahora bien, si la comunicación, **en la pareja**, permaneciera siempre en este nivel (superficial), conduciría a un tremendo **aburrimiento** generador de **frustración**, e incluso **resentimiento**.

Nivel 4
Hablar de los demás

En este caso se produce un **intercambio de informaciones**, pero **sin revelar casi nada de nosotros mismos**. Se comentan los acontecimientos del día, pero no se dice **nada acerca de los sentimientos y emociones** que se experimentan.

La conversación basada en **hechos reales referidos a otras personas** resulta fácil porque supone un riesgo mínimo, ya que no se expone casi nada del 'yo' personal. El llamado cotilleo exige poco, pero también produce poco.

Nivel 3
Ideas y opiniones

Aquí ya nos hallamos **cercanos a la verdadera comunicación**, porque describe las ideas y opiniones del hablante.

Cuando uno se expresa sin reticencias y expone sus ideas personales, quien lo escuche tendrá una buena oportunidad de **conocerlo mejor**.

En este nivel, **el hablante pone a prueba a su interlocutor** exponiendo algunos pensamientos personales. Si estos son aceptados, puede avanzar hacia un nivel más profundo. Si no lo son, tiene la opción de permanecer donde está, o bien de retraerse al nivel 4, donde volverá a sentirse seguro.

La **intimidad** real todavía no se ha producido; pero cuando se ha aceptado la comunicación en el nivel 3, se ha colocado un buen fundamento, y **se está próximo** a ella.

Nivel 2
Sentimientos y emociones

Este es un nivel más comprometido. Porque mis ideas y criterios puedo compartirlos con mucha gente, pero **mis sentimientos y emociones son algo estrictamente personal e íntimo**.

En este nivel se describe **lo que sucede en el interior**, es decir, los sentimientos y emociones que al hablante le produce su interlocutor o una situación. Pero una parte de su 'yo' se mantiene ligeramente cautelosa y vigila las respuestas del interlocutor, ya sea su cónyuge, su novio o novia, u otra persona.

Antes de revelar más datos **somete a prueba el nivel de aceptación** de la otra persona. A menos que reciba la aceptación que necesita, probablemente dirá s**olamente aquello que** sabe que su interlocutor **puede comprender y aprobar;** pero así resultará inevitable que se malogre una comunicación verdaderamente íntima.

Cuando una pareja puede establecer una comunicación **sin reservas** en este nivel, **respetando cada uno los sentimientos del otro,** su relación se enriquece notablemente y aumenta la intimidad. Ambos obtienen vislumbres de la personalidad de su cónyuge y establecen una **adecuada base para alcanzar comprensión e intimidad.**

Nivel 1
En profundidad

Para que dentro del matrimonio se establezca una buena comunicación, es necesario que, **de vez en cuando** (por la condición humana no puede ser permanente) se produzca alguna comunicación profunda y **sin reservas,** con la **revelación de contenidos emocionales y personales.**

Cada uno experimenta suficiente seguridad en su relación para abrirse totalmente ante su cónyuge. Es arriesgado porque quien se abre completamente deviene vulnerable.

Por lo general se comparte alguna profunda expe-

riencia emocional propia, que tal vez no se había mencionado hasta ese momento.

La comunicación en este nivel suele causar una impresión profunda y duradera en ambos interlocutores, y enriquece su relación.

Este nivel de discernimiento profundo es el más difícil de todos los niveles. Según mis propios estudios (ver nota pág. 21):

- únicamente **una de cada cinco** personas se halla **satisfecha** con su nivel de comunicación;

- el otro **80%** desea niveles de comunicación más profundos y significativos.

■ ■ ■ ■

Es muy fácil permanecer en los **niveles superficiales 5, 4 o 3,** debido al **temor al rechazo.** Antes de que una pareja pueda comunicarse en el **nivel más profundo, el 1,** tiene que haberse constituido una base de **confianza** entre ambos.

Estos cinco niveles son útiles y necesarios para mantener una relación, pero la comunicación en el **nivel profundo** resulta **indispensable para las parejas de hoy.** Los matrimonios de antaño podían sobrevivir en un **"matrimonio funcional"** sin tener acceso al nivel 1. Pero el **"matrimonio de relación"** de la actualidad requiere una profundidad que no se encuentra en la funcionalidad.

¿Qué niveles estoy empleando en mi matrimonio?

¿No es acaso tiempo de comunicarnos en un nivel que nos implique más como personas?

La calidad de una relación puede juzgarse por el nivel de comunicación que alcanza con más frecuencia.

viene de la página 63

lenguaje corporal sobre el verbal en muchos casos.

Toda la isla-continente, y un buen número de países, estuvieron largo tiempo pendientes del caso:

Una mujer fue condenada por asesinato a causa de su manera de reaccionar, que produjo un impacto mucho mayor que todos sus argumentos.

Se trata del caso que aborda la película *Un grito en la oscuridad*, protagonizada por la actriz Meryl Streep.

Esta obra cinematográfica reproduce la extraordinaria historia de la vida real de Lindy Chamberlain, que fue declarada culpable de haber asesinado a su propia hija.

Lindy sostuvo en todo momento que su niñita había sido arrebatada de la tienda por un dingo (perro salvaje), animal que abunda en la región donde estaban acampando.

La actriz Meryl Streep, refiriéndose a la señora Chamberlain, dijo en una entrevista:

–Había algo en su comportamiento, en la expresión de su cara, en la forma como ella aparecía en televisión, que creó un estado de opinión. Los esposos Chamberlain, no parecían sentir aflicción. La madre no causaba la impresión de estar sufriendo, aunque en realidad su dolor era inmenso. Y por eso fue considerada culpable.

Lindy Chamberlain **fue condenada por la forma** como se comunicaba. La evidencia de su crimen fue aceptar con resignación cristiana el drama de la muerte de su bebé. A la gente le parecía que no sufría lo suficiente por la muerte de su hija, de modo que todos conjeturaron que ella misma la había matado y luego se buscó la coartada del dingo. Así que pasó más de tres años en prisión.

Y todo porque sus actitudes fueron consideradas más dignas de crédito que sus expresiones verbales.

Finalmente se comprobó sin lugar a dudas que un perro salvaje se había llevado al bebé, y Lindy fue puesta en libertad.

Sin palabras

Es posible transmitir **poderosos mensajes sin** ni siquiera **abrir la boca:** por ejemplo, el dedo que apunta acusadoramente, poner los ojos en blanco, o un profundo suspiro. Otros claros mensajes sin palabras son cruzar los brazos sobre el pecho, ponerse en jarras con las manos en las caderas, o retirarse durante una conversación.

La falta de contacto con los ojos, no contestar cuando se es interpelado, retirar la mano o el brazo cuando alguien nos los toca, así como otros muchos comportamientos no verbales, hablan más alto que las palabras. Todos estos mensajes son potencialmente destructivos.

Sincronización

Para que se produzcan coincidencias entre dos personas, se tiene que dar una sintonía entre el mensaje emitido y el mensaje recibido, o entre la palabra y el pensamiento. Una pareja cuyos miembros se hallan sincronizados, experimentarán una relación de armonía y afinidad en sus comunicaciones verbales y no verbales.

La sincronización o acción de **establecer coincidencias,** es un fenómeno complejo en el que intervienen diversos factores. La vida en pareja no es fácil, pero, con buena disposición por ambas partes, se puede conseguir esa **armonía** que a los seres humanos tan felices nos hace.

Se puede establecer la sincronización en el estado de ánimo, en el lenguaje corporal, en el tono y el volumen de voz, en la velocidad de expresión, en las palabras, y también en las pausas. Es posible sincronizar las opiniones, las ideas, las creencias, y hasta las pautas de respiración. Todo ello aporta **convergencia** a los pensamientos, las emociones y los sentimientos.

Cuanto mejor pueda uno sincronizarse con el comportamiento de su cónyuge, tanto más armonía se producirá entre ambos en su interacción.

Hay mucho que las parejas pueden hacer para mejorar su comunicación en el hogar, y la buena noticia es que nunca es demasiado tarde para empezar.

En la misma onda

Se dice que a la desgracia le encanta tener compañía.

Y no es menos cierto que una persona alegre prefiere asociarse con gente de su mismo talante.

Algunas personas despiertan cada día temprano y con ganas de cantar. En cambio otras no soportan que se las despierte antes de las nueve de la mañana, y se presentan con los ojos hinchados y con aspecto malhumorado. Algunos piensan que esa alegre actitud matinal es un signo de dinamismo y eficiencia, así que tratan de cambiar a un cónyuge que se levanta tarde y con disposición no demasiado positiva.

Si su cónyuge no coopera y se molesta, sería conveniente que usted suavice su comportamiento. Al hacerlo estará diciendo: «Tu estado de ánimo es algo importante para mí, por eso lo respeto». Así se establece una buena relación.

Cuerpos en sintonía

Imagine a una parejita de enamorados sentados frente a frente, y mirándose a los ojos. ¿Puede verlos a los dos ensimismados jugueteando con una cuchara, con el mentón apoyado en la mano y las piernas cruzadas? Ambos se hallan ajenos al resto del mundo, pero están de tal manera sintonizados en la misma onda, que imitan de forma inconsciente y recíproca su lenguaje corporal.

67

Cuantos más movimientos, posturas, expresiones faciales imitadas, tanto mayor sentido de aceptación y pertenencia habrá entre dos personas.

Buena parte de todo ello se produce de modo inconsciente.

Pero, *¿qué sucede cuando no ocurre?*

Comunica un claro mensaje muy definido: «Soy diferente de ti».

Este mensaje puede determinar una cooperación o la resistencia, la aceptación o el rechazo.

Los investigadores han constatado que las *mujeres* son **más capaces de sintonizar** con otras personas que los hombres. Tienen más **facilidad natural** para captar los **mensajes no verbales,** y también es probable que hayan sufrido un mayor condicionamiento social para hacerlo.

Los *hombres* tienden más a pensar que pierden su **individualidad** y su **poder,** cuando tienen que ajustar su comportamiento al de otra persona.

Ahora bien, todo esfuerzo, por ambas partes, en esta línea tendrá su gratificante recompensa en una vida conyugal armónica.

Al mismo ritmo

Aprender a sincronizar la comunicación verbal también puede influir de modo favorable sobre la armonía marital.

Un empleado de una empresa de venta por teléfono, alcanzó un gran éxito comercial al sincronizar la velocidad de su diálogo al de las personas que solicitaban información. Si el cliente en perspectiva hablaba con lentitud, él contestaba hablando lentamente; en cambio, si hablaba con rapidez, él aceleraba. Este simple cambio produjo un incremento de un treinta por ciento en sus ventas.

A menos que los cónyuges, novios, o cualesquiera otras personas, ajusten sus diferencias en la velocidad de expresión hablada, el que habla rápido irritará al que lo hace con lentitud, y viceversa.

En sintonía en el volumen y el tono

El cónyuge que habla con suavidad puede responder con temor al que usa un tono elevado. Y este a su vez puede interpretar una supuesta actitud de superioridad basado en su volumen de voz. Lo uno y lo otro resulta perturbador para la buena comunicación conyugal.

Una dama cuyo marido hablaba habitualmente a gritos, vivió atemorizada durante años. Mientras él iba por la casa pegando puñetazos sobre las mesas, dando portazos y vociferando, ella guardaba silencio para demostrarle la clase de comportamiento que deseaba que él tuviera.

Cierta vez alguien le aconsejó que actuara igual que su esposo, que golpeara y gritara, pero sin atacarlo. Así lo hizo ella, y cuando tuvo la oportunidad, le demostró que estaba de acuerdo con lo que él decía golpeando con energía en la mesa para añadir énfasis. Aquel asombrado caballero enmudeció, extendió los brazos hacia ella y le dijo:

–Querida, te ruego que te calmes, y que hablemos sobre esto de manera racional.

La conclusión es obvia: La **sincronización** eficaz permite establecer un nivel profundo de **empatía** con el interlocutor, sea el cónyuge, el novio o la novia, o cualquier otra persona.

El momento oportuno

El momento adecuado para abordar determinadas cuestiones, que necesitan una cierta concentración o suponen un revulsivo, es el que toma en cuenta el **temperamento,** la **situación** anímica, e incluso el estado de **salud** del interlocutor.

Los estudiantes que han tenido malas notas, saben buscar el momento adecuado para informar a sus padres.

Algunas cuestiones, por su delicadeza, puede que requieran un especial respeto del estado emocional del cónyuge, además de

"Se hace camino al andar..." Salga a pasear con su pareja. Es posible caminar a buen ritmo y comunicarse a un tiempo. Los beneficios de este diálogo podrían enriquecer su intimidad afectiva.

controlar la sinceridad personal para manifestar una auténtica preocupación.

Por desgracia, muchos cónyuges eligen para actuar, o más bien atacar a su pareja, el momento en que saben que es más vulnerable, y así provocan profundas heridas anímicas, ofensas y agravios.

Todos tenemos nuestro **umbral de sensibilidad.** Un exquisito cuidado por no sobrepasarlo, influirá positivamente en el grado de intimidad de una pareja.

Encarar el problema

Uno de los grandes desafíos de la vida matrimonial, es el de cómo hablar con el cónyuge acerca de algo desagradable, o de un comportamiento que nos resulta irritante.

En la vida, a menudo surgen situaciones en las que se produce un choque entre **necesidades y preferencias.**

Cuando le suceda esto, y considere que el comportamiento de su pareja no es el correcto, en lugar de ponerse a la defensiva y culpar o juzgar a su cónyuge, **hágase car-**

go del problema. En otras palabras, puede ser que su pareja sea la causa del problema, pero si usted es quien siente irritación, ahora es usted quien tiene el problema.

Una vez que ha determinado que **el problema es de usted**, puede decidir la mejor manera de encararlo. A continuación presentamos varias alternativas:

1. **Formular una petición concreta.** En una relación basada en el respeto mutuo y la preocupación solícita, si uno de los integrantes hace algo que el otro no considera aceptable, una simple petición de que no lo repita, debiera bastar para resolver el problema. Ese ruego debe formularse de modo que **no culpe, ni juzgue, ni condene**. El **tono** de voz también debe ser controlado. Sin embargo, en muchos casos unas petición de este tipo no produce el resultado apetecido.

2. **Sugerir una alternativa.** Cuando soporta un comportamiento que le resulta irritante, el cónyuge ofendido puede sugerir una alternativa. Mi esposo Harry no tiene mucho sentido del tiempo. Cual-

quiera de sus salidas para una simple diligencia, puede convertirse en un "viaje" que dura todo el día. Eso entra en conflicto con nuestro horario de comidas y otras actividades. Le sugerí que me llamara para avisarme siempre que se hubiera demorado, lo cual ha resuelto el problema en la mayor parte de los casos.

3. Utilice mensajes en primera persona. Presentar un mensaje en primera persona del singular es un método para expresar lo que se siente de forma directa, cuando uno se siente molesto o irritado a causa del comportamiento de su cónyuge. Este tipo de mensajes permite a nuestra pareja enterarse de que abrigamos sentimientos negativos por su comportamiento, pero sin atacarla ni ridiculizarla. Es más probable que un mensaje en primera persona surta efecto, porque no incluye reproches ni resulta amenazante. Estimula la sinceridad y la nobleza, y es una estrategia excelente para aclarar los sentimientos de irritación.

Los mensajes en primera persona identifican lo que uno está experimentando en el momento, y dan cuenta de ello de modo inequívoco y sin reservas; pero con delicadeza. En lugar de atacar, culpar o juzgar, lo mejor es indicar: «Yo *me siento* enojada(o) cuando tú... porque...»

Asertivo y no agresivo*

Compare las diferentes reacciones a las quejas de dos esposas a sus respectivos maridos, después de que ellos hubieran expresado su negativa a acompañarlas para dar un paseo los dos a solas o ir a cenar juntos:

Esposa A:

«¡Eres un desconsiderado! No piensas más que en ti mismo. Lo único que deseas es ver la televisión. ¡Empiezo a estar harta de tu actitud!»

Esposa B:

«A mí me duele y me entristece mucho, cuando te pido que salgamos los dos juntos, y a ti no te apetece; porque siento la necesidad de estar contigo a solas, para sentirme más cerca de ti, y que hablemos de forma tranquila y relajada de nuestras cosas.»

La **esposa B** se limita a expresar **cómo se siente ella,** sin manifestar su opinión en cuanto a la actitud de él. Así que el esposo **no puede discutírselo,** ya que ella **no juzga** la actuación de su marido, sino que *expone* su propio sentir. Elige bien las palabras para indicar a su cónyuge que ella también tiene sentimientos y necesidades, que, según su propia opinión, no están encontrando una adecuada satisfacción.

En cambio, la **esposa A culpa, juzga y humilla** a su marido. Eso le proporciona municiones para una discusión, y es probable que agudice la obstinación y la actitud defensiva de él. Además, para una esposa que realmente desee salir a dar un paseo o a cenar, en un intento por estar cerca de su pareja, ha elegido mal las expresiones con las que transmitir su mensaje.

Antes de exponer nuestra posición siempre deberíamos preguntarnos:

«Esto que pienso decir, ¿va a hacer que nos distanciemos, o va a favorecer nuestro mutuo acercamiento?»

Un mensaje formulado en **primera persona del singular,** antes que en segunda persona, marca casi siempre la diferencia entre **asertividad y agresividad.**

Una actitud asertiva permite exponer con sinceridad lo que interiormente se está experimentando, sin echar la culpa al otro.

---

* Según el *Diccionario* de la Academia **'asertivo'** es sinónimo absoluto de 'afirmativo'; deriva de **'aserto',** que se define como la *«afirmación de la certeza de una cosa».* La **'asertividad',** en psicología, consiste en la expresión de nuestros sentimientos y emociones de una manera sincera, abierta y espontánea, que no hiera la sensibilidad de nuestros oyentes. La **conducta asertiva** se halla en el justo término medio de la **conducta no asertiva** y la **agresiva.** Para ver un claro ejemplo de estos tres tipos de conducta a la hora de comunicarse, véase la página 84 del libro *¡Sin estrés!,* del doctor Julián Melgosa, que publicamos en esta misma serie NUEVO ESTILO DE VIDA.

Uno de los grandes desafíos en su matrimonio es el de cómo hablar con su pareja acerca de algo que le disgusta en ella, de alguna conducta suya que a usted le irrita. Una de las mejores maneras de afrontarlo consiste en emplear mensajes en primera persona (tal como se expone en estas páginas).

Si la actitud es agresiva dañará al cónyuge, pues, aunque uno exponga lo que siente muy sinceramente y sin reservas, lo está haciendo con hostilidad.

El **mensaje asertivo** en *primera persona del singular* dará a entender a mi cónyuge:

*«**Yo tengo** gran necesidad de pasar algunos momentos a solas contigo.»*

En cambio el **mensaje agresivo** en *segunda persona* está diciéndole:

*«**Tú no quieres** estar conmigo nunca.»*

Componentes del mensaje asertivo personal

El mensaje asertivo eficaz, que se expresa siempre en primera persona del singular, consta de tres partes:

1. Una *declaración* sobre **cómo le hace sentir** a usted el proceder inaceptable de su cónyuge. Es necesario una sola expresión, o mejor incluso, una palabra que describa lo que siente interiormente.

2. Una *descripción* del **hecho concreto** de su cónyuge, **sin entrar en valoraciones**. En la descripción se acepta el empleo de la palabra 'tú'.

3. Una *explicación* también muy escueta del **efecto** apreciable de ese comportamiento **en usted**. Exponga **lo que tiene que hacer** a causa de ese comportamiento que a usted le parece objetable.

Los mensajes asertivos personales contienen una explicación de cómo uno se siente a causa de un comportamiento que resulta irritante. No atacan ni condenan al cónyuge, sino que se refieren únicamente al comportamiento inaceptable, y establecen una diferencia entre el cónyuge como **persona** y su **comportamiento.**

La gente se sorprende al saber cómo se siente realmente su cónyuge. Muchos, por amor y consideración a su pareja, abandonan o modifican sus comportamientos inadecuados, una vez que han comprendido el impacto que tienen sobre los demás.

Los mensajes en primera persona tienen más probabilidad de producir **modificaciones positivas,** aunque este no sea su propósito esencial. Uno de los objetivos es aliviar la irritación o el enojo. Puede ser que la otra parte modifique su comportamiento o no, pero de este modo usted no corta el canal de comunicación; con lo cual le está permitiendo que exprese sus sentimientos y emociones en vez de reprimirlos.

Los resentimientos y las irritaciones menores pueden convertirse en grandes peleas conyugales. Es posible dar salida a la presión que se acumula cada día aprendiendo a comunicarse de esta forma clara y directa.

Directas e indirectas

Lo que decimos ofrece indicios para comprender lo que intentamos dar a entender cuando hablamos.

El problema radica en que ¡*no siempre* **decimos** lo que **queremos** decir!

En otras palabras, con frecuencia hablamos usando una fraseología poco clara, compuesta de conjeturas e insinuaciones que llamamos **indirectas.** Evitamos ser directos, pues la total sinceridad y transparencia nos hace **vulnerables** a las objeciones o al ataque. A veces, exponer lo que realmente pensamos podría herir. El lenguaje indirecto previene la confrontación y nos protege del rechazo. La ironía, las bromas, el doble sentido, son formas de lenguaje indirecto en la comunicación.

Cuando un cónyuge expresa sus necesidades y deseos sin reservas, y el otro lo hace de forma indirecta, solamente aludiendo con insinuaciones a sus necesidades y de-

seos, casi inevitablemente se producirán malentendidos. Según **Deborah Tannen,** las *mujeres* **tienden** más que los hombres **a ser indirectas.**

Algunos dicen que no les agrada, o no esperan, el lenguaje directo en la comunicación. Pero, en muchos casos, no es que no quieran ser directos, sino que no son capaces de serlo. Simplemente no se pueden obligar a sí mismos a declarar directamente sus intenciones. Les parece que eso está mal, que incluso es una falta de educación.

Cuando dos personas casadas tienen puntos de vista diferentes acerca de la forma de presentar las ideas, o bien de modo directo o bien indirecto, tendrán que ajustar sus expectativas e intentar complacerse mutuamente.

El lenguaje y su relación con el sexo

¿Existe alguna diferencia entre la forma de hablar de los caballeros y la de las señoras?

Para contestar a esta pregunta, lo que hay que hacer es ponerse a escuchar en cualquier grupo mixto para notar algunas de las diferencias.

Las señoras y los caballeros tienen por naturaleza pautas de comunicación diferentes debido a experiencias pasadas. Los niños y las niñas son criados en mundos distintos, aunque vivan en el mismo hogar. Desde el nacimiento se les habla, y se los trata y educa de modo diferente. Como resultado de ello, juntamente con las diferencias cerebrales y de temperamento, los hombres no hablan del mismo modo que las mujeres (ver págs. 16-17).

Las mujeres... ¿más?

Tradicionalmente se viene tildando a las damas de ser más charlatanas que los caballeros.

¿Es cierto en realidad?

Pues sí, las mujeres hablamos más.

Desde el nacimiento en adelante, los niños y las niñas son tratados y educados de modo diferente. Como resultado de ello, junto a las diferencias cerebrales y temperamentales entre los sexos, su manera de hablar también llega a ser distinta.

ciones tales como 'Uy', 'Ouuum', 'Uuuj', 'Mmmm', 'Yaaaa'...

Los niños y adolescentes **varones** tienen **más dificultad** para la lectura, la escritura y el lenguaje que las muchachas. Todos los docentes pueden atestiguarlo. Nueve de cada diez incapacidades en la lectura y el lenguaje afectan a los muchachos.

Incluso los varones adultos no suelen alcanzar el nivel de las mujeres, pues como promedio un caballero emite la mitad de palabras al día que una señora.

¿Y de qué hablan?

Los hombres y las mujeres prefieren abordar temas diferentes en sus conversaciones.

Las damas se aburren mientras **ellos** charlan interminablemente sobre **deportes, automóviles o negocios,** y de **cómo funcionan** los aparatos y mecanismos.

Los caballeros interrumpen la comunicación cuando **ellas** hablan **de sus amigas o de personas** que ellos ni siquiera conocen. Para las mujeres, en cambio, resulta de lo más natural hablar de la gente y de las relaciones sociales, porque demuestra **participación, interés y preocupación.** Compartir eso con alguien a quien aman indica **intimidad.**

Cuando esta forma de compartir no es tomada en cuenta por el marido, **se cierra** para él una parte vital del **yo** de su esposa.

Y cuando la esposa ignora o desprecia los asuntos que para un hombre resultan de máximo interés, está levantando una **barrera** de incomunicación y alejamiento.

Estudios realizados en la **Universidad de Harvard** (Massachusetts) demuestran que, por lo común, las **niñas** aprenden a hablar **antes** que los varoncitos, articulan mejor y adquieren un **vocabulario** más extenso que los niños de edad similar.

Diane McGuiness, investigadora de la **Universidad de Stanford** (California), constató esto mismo, después de haber estudiado la cantidad de vocalizaciones que emitían niños de entre dos años y medio y cuatro años: Observó que las **niñas** hablaban consigo mismas, con otras niñas o con los objetos con que jugaban, y en todo momento utilizaban **palabras inteligibles.**

En el caso de los **niños,** en cambio, se observó una pauta totalmente distinta: Parte de su comunicación eran palabras reconocibles, pero **casi la mitad** eran **exclama-**

De lo mismo... pero diferente

A menudo cada uno de los componentes de una pareja emite sus respectivos mensajes en diferente longitud de onda.

En cuanto me casé me di cuenta de que mi marido tenía unas estructuras mentales distintas de las mías. Aunque no podía encontrar en qué consistía la diferencia, me daba perfecta cuenta de esa realidad.

En el comentario de cualquier tema, yo iba por un camino mientras Harry venía por otro diferente. Y, claro, a menudo llegábamos a conclusiones totalmente distintas.

Alguna vez llegaba a la conclusión de que eso se debía a que yo tenía razón y mi esposo estaba equivocado. Y él pensaba lo mismo, pero a la inversa. Sin embargo, cada uno tenía razón... en parte.

El cerebro de mi marido llega a conclusiones bastante distintas, sí, pero eso no hace que yo esté en lo cierto y él equivocado. Tal vez tenga una **visión *distinta*, pero no por eso errónea.**

De nacimiento

Debido a las diferencias genéticas (ver pág. 17) suele suceder lo siguiente:

- El predominio del hemisferio cerebral *izquierdo* promueve la tendencia de los *hombres* a especializarse en el pensamiento más **lógico, fáctico, analítico y agresivo.**

- Las *mujeres* tienden a usar el lado *derecho* del cerebro, el que regula los **sentimientos,** el **lenguaje** y las habilidades de **comunicación.** Es el lado que tiene que ver más con las **relaciones** humanas.

La solución del problema

Como resultado de esto, las damas tienden a ser más sensibles y emotivas y los caballeros más lógicos y racionalistas.

Cuando Elisa compartió un problema con su esposo Héctor, buscaba simpatía y apoyo. Como no fue capaz de comprender lo que ella necesitaba, Héctor respondió con consejos muy razonables, sin percatarse de que no era eso lo que ella quería.

Los **hombres** tienden a orientarse hacia las **soluciones,** excepto en lo que concierne a la vida conyugal.

El ego del varón se siente amenazado ante la perspectiva de resolver problemas matrimoniales. Por lo tanto, cuando una mujer está alterada, la mente del hombre busca automáticamente una solución. Si ella llora, para detener las lágrimas, dice:

«No llores, cariño. Estás siendo demasiado pesimista.»

Todo lo que hace es descartar sus sentimientos cuando ella más necesita un respaldo, como el de:

«Cuéntame. ¿Qué te ha pasado?»

Esto le proporcionaría el **apoyo** emocional y la **comprensión** que ella está buscando.

Una petición directa de Elisa inició un cambio sustancial en el matrimonio. Cuando quería que Héctor la escuchara con empatía, le pedía que la abrazara sin darle ningún consejo. Con esta sencilla técnica pudieron analizar sin reservas temas que llevaban pendientes mucho tiempo. Al cabo de seis meses habían revitalizado su matrimonio.

El diálogo intersexual

Los estilos de comunicación oral de cada sexo difieren.

- Una *mujer* tiende a **dramatizar** la historia que cuenta mediante cambios en el tono de voz y gestos, en un esfuerzo por recrear la experiencia. Vuelve a vivirla a medida que la refiere.

- En cambio un *hombre* suele ser más escueto y frío en su presentación. **Expone** los hechos de forma resumida, sin muchos detalles ni contenido emocional.

Tanto los hombres como las mujeres, cuando dialogan, tienden a concentrarse y retener aquello que saben que **necesitarán recordar** posteriormente.

Las mujeres tienen intereses notoriamente diferenciados de los masculinos. De ahí que, los temas predominantes de conversación personal entre las damas, sean bien distintos a los que suelen abordar los caballeros entre ellos.

- Las **mujeres** por lo común no se interesan mucho en explicaciones **filosóficas o científicas.** En un caso así, suelen prestar escasa atención, y es probable que no recuerden gran cosa de lo dicho.

- A los **hombres** no les interesan mucho los detalles de las **relaciones sociales** ni las **vidas** de los amigos, de modo ante todo eso su atención divaga.

  Ni el hombre ni la mujer tienen mala memoria, sino que fijan realmente su atención tan solo en aquellos aspectos o temas que les llaman la atención. Y en cunsecuencia, cada sexo tiene **intereses preferentes distintos.**

- Las **mujeres** en general tienen más círculos de **amistades** que los varones. Hablan mucho entre ellas de temas que los hombres califican de **frivolidades o chismes.**

Pero su capacidad de dialogar de forma constante es lo que para ellas, y entre ellas, sobre todo, nutre la amistad.

- Muchos **hombres** sencillamente no tienen amistades del estilo de las que se entablan entre mujeres. Esto puede deberse en parte a que no hablan entre ellos, a menos que tengan algo **"importante"** que comentar o debatir, y no todos los días suceden cosas importantes.

  En consecuencia, las **mujeres** suelen tener **más amistades** personales que los varones.

- Las **mujeres** están más **orientadas hacia las personas.** Pueden detectar y distinguir con más precisión el **lenguaje corporal** y los **tonos** emocionales, **recordar** mejor nombres y caras, y tienen más capacidad de manifestar **empatía,**

75

es decir, de ponerse en el lugar de la otra persona y sentir lo que ella siente.

- Los **hombres,** en cambio, manifiestan más **curiosidad** en lo que se refiere al **funcionamiento** de máquinas, herramientas, aparatos e instrumentos y son por naturaleza **investigadores.** Están **orientados hacia *las cosas,*** les gusta desarmar y examinar los objetos, y destacar en una amplia gama de habilidades que requieren manipulación mecánica.

  Las *mujeres* tienden a vivir en un mundo de **personas y sentimientos concretos,** mientras que los *varones* atribuyen más importancia a las **ideas generales** y los **conceptos abstractos.**

Consecuencias de la diferencia

- Las *mujeres* tienen **necesidad de hablar** sobre muchas cosas, mientras que los *hombres* son más **reservados.**

- El *hombre* tiende a pasar más tiempo en el **trabajo** y con sus **amigos.**

  Esta tendencia se pone de manifiesto, por lo general, únicamente ***después de la boda,*** porque antes un novio, siempre está dispuesto a dedicar tiempo a dialogar para construir la relación afectiva.

- Las *mujeres* desean **hablar,** para **aclarar** sus dificultades y **resolver** sus diferencias, a fin de sentirse **más cerca** de sus esposos.

- Los *varones* no consideran que la oportunidad de analizar las dificultades, les permita aumentar la intimidad, como lo estiman las féminas. Se conforman con **estar** con sus esposas, y no sienten preocupación por **compartir** constantemente lo que piensan, sienten o necesitan.

  Cada cual satisface de modo ***diferente*** su necesidad de **relación y pertenencia,** si bien las damas tienden a adaptarse mejor en las relaciones interpersonales.

- Por eso, en general, las **damas** son más **delicadas y amables** en casi todas las situaciones. Emplean mejor la gramática, y pocas veces usan palabrotas.

- Los ***caballeros,*** en cambio, se centran en el **contenido** de la propia conversación, sin preocuparse demasiado por las formas.

  La *mujer* está más atenta a los **metamensajes,** es decir, a lo que está implícito pero no declarado, una combinación de actitudes y signos no verbales. De ahí que sean mucho más **intuitivas.** Los **hombres** se concentran más en los **conceptos e ideas** que se están exponiendo.

A mitad de camino

Conviene insistir en que lo dicho no quita que haya hombres con determinados rasgos de personalidad que se consideran peculiares de las féminas, sin que eso suponga ninguna merma de su virilidad. Y al contrario se podría decir en la cuanto a las mujeres. Es decir, no debe extrañarnos que existan caballeros muy emotivos o señoras que actúen de manera predominantemente lógica; ni debe sorprender a nadie encontrarse con un hombre muy espontáneo o una dama muy calculadora.

Así que en ningún momento hemos querido decir que los hombres reaccionen exclusivamente de una forma y las mujeres de otra.

Existe una amplia gama entre los patrones promedio de comportamiento de ambos sexos que es normal y saludable.

Antes que suponer que algo anda mal con su cónyuge, cuando cada uno llegue a conclusiones diferentes, piense usted lo sugestivo que puede resultar **aceptar las diferencias** como parte del maravilloso plan del Creador para el hombre y la mujer.

Ahora me toca a mí

«Hace tiempo que no tenemos nada que decirnos», es la queja de numerosas parejas.

Han perdido el hábito de hablarse después de unos años de matrimonio.

Atrapados en las redes de la rutina, se ven incapacitados para dialogar.

Algunas parejas se hallan excesivamente ocupadas, lo cual no les deja tiempo suficiente para conversar. Otras mantienen el televisor encendido tantas horas al día que disponen de menos tiempo aún. Los miembros de la familia finalmente se habitúan a no dialogar, a que nadie los escuche, y a decirse únicamente lo indispensable.

Hablar de lo positivo

El caso de Amalia y Felipe constituye un ejemplo ilustrativo. Después de seis años de matrimonio, ambos se sentían desdichados, pero ninguno podía precisar el porqué.

–No vale la pena hablar con Felipe –se quejaba Amalia–. Lo único que hacemos es criticarnos mutuamente. Y entonces dejamos de hablarnos y mantenemos una actitud hostil durante el resto del día.

Felipe y Amalia acudieron a un consejero matrimonial, que efectuó un profundo análisis de su relación conyugal. Les explicó que dedicar tiempo a hablar significaba compartir **experiencias e ideas positivas,** y no únicamente críticas, preocupaciones o discusiones. El consejero les hizo prometer que pasarían un cuarto de hora cada día dialogando acerca de cuestiones positivas.

–Al cabo de una semana –comentó Amalia– notamos un tremendo cambio en lo que sentíamos acerca de nosotros mismos y de nuestra relación.

Combatir la monotonía

Después de algunos años de matrimonio puede sobrevenir la monotonía: Se apodera de la relación conyugal una pauta de acción predecible que hace abortar todo intento de diálogo.

No importa cuál sea el origen o la razón, lo que está bien claro es que una pareja que se hable poco en la actualidad, si no existe una voluntad clara de romper con esa tendencia, su incomunicación se irá haciendo cada vez más amplia y profunda.

De modo que resulta indispensable mantener una atención constante en la búsqueda de **nuevos objetivos y motivaciones,** que permitan renovar el deseo de intercambio verbal y las ilusiones compartidas.

Hace mucha falta

Aun cuando nuestros métodos de comunicación verbal no produzcan los resultados apetecidos, debemos continuar conversando.

El actor y director cinematográfico **Woody Allen** parece que lo tiene claro.

Revela el secreto en su película *Annie Hall*. Al final del filme se oye una voz que dice:

«El tipo va al psiquiatra y le dice: "Doctor, mi hermano está loco. Cree que es una gallina"».

El doctor contesta: «¿Por qué no lo interna?»

Entonces el tipo responde: «Lo haría de buena gana, pero necesito los huevos».

Esto sintetiza bastante bien por qué tenemos que continuar intentando dialogar: porque *necesitamos* los "huevos", es decir, tenemos que mantenernos en contacto con los demás.

Muchas personas se resisten a conversar con su cónyuge. Dicen que no es el momento apropiado; o no saben de qué hablar; podrían decir alguna inconveniencia: están demasiado enojados.

La verdadera razón, por la que se elude el diálogo con el cónyuge, es porque se ha deteriorado la relación.

Una pareja que no puede conversar carece de base para una relación interpersonal marital. Al abrirse y compartir, usted puede convertir a una persona extraña en un amigo o amiga.

La vida se enriquece enormemente cuando aprendemos, o mejoramos, **el lenguaje del amor.**

Aprovechar todas las oportunidades

La vida cotidiana nos ofrece diversas oportunidades para dialogar. Vivimos en una época tan ajetreada, que no podemos permitirnos el lujo de desaprovechar ninguna.

1. Hacer un esfuerzo por dialogar. Es necesario encontrar **tiempo** para dialogar, y para buscar temas de conversación. Hay que **animarse** mutuamente a contar lo que le ha sucedido a cada uno durante el día, a hablar acerca de las respectivas familias o sobre el pasado de cada uno. Proponga **temas** que usted sabe que son **de interés** especial para su cónyuge. **Lea** un libro sobre el tema, recorte artículos publicados en revistas, **comente** una ilustración interesante o un chiste divertido. **Infórmese** sobre el tema que le interesa a su cónyuge, con el fin de poder hablar inteligentemente de él. Además, siéntase con libertad para **sugerir** temas que le interesen a usted.

2. Dedicar cada día un tiempo concreto y determinado para dialogar sobre asuntos conyugales que **no despierten controversia,** pero que tengan relación con la **vida cotidiana:** los hijos, el trabajo, los vecinos, el jefe, lo que sucedido durante la jornada, y lo que ambos hayan hecho. Este intercambio de informaciones

conduce a **interesarse** en la vida mutua, con lo que se fortalecen los vínculos maritales.

3. Diálogos nocturnos. Después de acostarse, en lugar de comentar todo lo malo del día, hable acerca de **recuerdos agradables,** como: «La experiencia más agradable que tuve contigo el mes pasado fue...» «Mi pasatiempo favorito es...» «Algo que realmente me gusta de ti es...» Este **no es el momento** de resolver **problemas,** de contar las cosas negativas de la jornada, ni de airear sentimientos de enfado o malestar. Es el momento de hablar de temas placenteros. Es bueno dialogar abrazados con ternura, ya que el **contacto** de los cuerpos proporciona una grata sensación de seguridad, paz y bienestar.

4. Hablar mientras se pasea. ¿Le gusta el ejercicio físico? ¿Ha pensado en la posibilidad de caminar en lugar de practicar deporte individualmente? «Pues hagámoslo en pareja» Eso permite ir conversando mientra se va andando. Se puede ir a buen paso durante tres cuartos o una hora. Es beneficioso para la

salud, y la posibilidad de dialogar une afectivamente.

5. Comunicación automovilística.

Otra forma de pasar tiempo juntos de forma provechosa es hablar durante los viajes, al ir de vacaciones o en cualquier viaje largo, sobre todo cuando la pareja viaja a solas en automóvil. Las horas pasadas en agradable conversación, pueden revitalizar la relación conyugal, además de ser una oportunidad para conocerse mejor y estrechar los vínculos sentimentales.

6. Divertirse juntos.

Existen diversos **juegos** de mesa que se pueden utilizar en una atmósfera tranquila y agradable, sin presión indebida para comunicarse. Los juegos proporcionan la oportunidad, y una razón, para hablar y romper el aburrimiento o la monotonía.

Además, la alegría experimentada contribuirá a la unión afectiva. También se puede llevar a cabo algún proyecto manual interesante. Eso ayuda a mantenerse **alejados del televisor,** a la vez que permite ejercitar talentos dormidos, añadir una nueva dimensión a la vida, y construir **recuerdos comunes** que nos alegrarán en el futuro.

7. Aprovechar las comidas.

La hora de la comida puede ser la ocasión más agradable o la más detestable, según sea la atmósfera que impere. Cada familia crea su propia atmósfera: silencio, ver la televisión, discutir, dialogar placenteramente,… Si no es posible reunirse dos veces al día, hágalo por lo menos una vez, y aproveche el beneficio que le depara esa ocasión placentera. Si lo hace siete veces a la semana, habrá dedicado varias horas a intimar con su cónyuge y a afirmar los lazos afectivos.

8. Un elogio todos los días.

No deje pasar la jornada sin apreciar alguna buena **cualidad** en su cónyuge. Expresar **cariño y aprecio** es una de las estrategias más eficaces para suavizar las asperezas de la vida. Lamentablemente, en esto, todos estamos lejos del ideal. Hablamos con poca ternura y no nos manifestamos nuestro mutuo cariño. Sin embargo, es más fácil soportar las interacciones negativas cuando se manifiesta ternura en las relaciones personales.

5

El arte de discutir constructivamente

UN MATRIMONIO viajaba plácidamente en automóvil por una región montañosa de California. La estrecha carretera limitaba a un lado por una pared rocosa inmensa, y por el otro con un impresionante y profundo barranco. La conversación había derivado hacia su negocio, y los problemas que desde hacía poco se les estaban presentando para conseguir cobrar las deudas de algunos clientes morosos. Se habían repartido el trabajo de forma que el marido se encargaba de las ventas, mientras ella se ocupaba de la contabilidad y del cobro de las facturas.

Algunos de los morosos no la tomaban en serio, según ella, porque era mujer. Así que, durante la conversación, le insistió a su esposo para que se encargara él de algunas llamadas telefónicas, con el fin de instar al pago de sus deudas a ciertos clientes. Pero el marido se negó en redondo.

Ella, que era quien conducía, estrujaba cada vez con más fuerza el volante, mientras su enojo iba en aumento.

Todo conflicto entraña riesgos. Ahora bien, los enfrentamientos entre dos personas que realmente se preocupan solícitamente la una por la otra, no tienen por qué ser destructivos. Discutir de modo constructivo es una forma de comunicación que todos necesitamos aprender.

Las cerradas curvas se iban sucediendo interminablemente.

«¿Por qué insiste en no prestarme ayuda? ¿Cómo puede ser tan despreocupado? ¿Acaso quiere que se hunda el negocio?», cavilaba ella.

El tono de sus voces fue subiendo hasta que comenzaron a pelear a gritos. El conflicto derivó hacia aspectos personales con rencorosas acusaciones.

Aquella mujer no fue capaz de soportar la tremenda tensión creada ni la actitud de su esposo. Totalmente fuera de sí, de repente, no se le ocurrió nada mejor que saltar en marcha del vehículo.

Pero cuando ya se había lanzado fuera del vehículo, reaccionó instintivamente y se aferró al volante con una mano. Esa maniobra *in extremis* provocó que el automóvil virara bruscamente hacia el lado por donde ella había saltado. Como consecuencia las ruedas traseras de su propio vehículo la arrollaron, y, aparte de numerosas heridas y contusiones, se fracturó la columna vertebral. Una delicada intervención quirúrgica, que duró ocho horas, le salvó la vida; pero quedó paralizada de la cintura para abajo.

Ahora él, además de tener que cumplir con su parte en el trabajo, ha de llevar la contabilidad y encargarse del cobro de los recibos, y encima tiene que cuidar de su esposa inválida.

Y todo como resultado de una agresividad desbocada.

Afortunadamente casos así no se dan muy a menudo.

Sin embargo, sí que encontramos bastantes personas que, en las discusiones con su cónyuge, estallan en semejantes paroxismos de ira.

Qué es el enojo

El enojo se presenta en diversos grados de magnitud, desde el leve hasta el intenso. Abarca una amplia gama de estados anímicos, desde simples sentimientos de disgusto,

Tanto la supresión como la represión del enojo son soluciones inadecuadas. El enojo hay que saber expresarlo controladamente, para canalizarlo positivamente, de acuerdo con las pautas que se dan en estas mismas páginas.

enfado o irritación, hasta la vehemencia de la rabia, el odio, la ira, el rencor y el resentimiento.

Definición de enojo

David R. Mace da una definición de enojo, que es la que en líneas generales adoptamos aquí: «*Sentimiento de **oposición contra** una persona u objeto, que viene acompañado del deseo de **eliminar** la causa.*»

El enojo es un **mecanismo de defensa** básico, que protege el yo o la personalidad. Así como el cuerpo se prepara para defenderse contra una invasión microbiana, también nuestro yo necesita protección. Cuando es atacado, el sistema de alarma de nuestro organismo activa la **agresividad,** constituyente básico del **instinto de conservación,** para reaccionar adecuadamente ante la amenaza.

Se entiende, sin embargo, que la mayor parte de nuestro enojo surge por razones menos nobles y más egoístas; por ejemplo, preocupación por no poder hacer las cosas tal y como queremos, o por no obtener aquello que creemos que nos pertenece.

Cada vez que nuestros deseos se enfrentan a una negativa, nos enojamos. Cuando hacemos planes y encontramos oposición, nuestro **deseo bloqueado** hace surgir la agresividad.

Las frustraciones producidas por deseos no realizados se pueden convertir en enojo descontrolado, lo cual somete a tensión la relación de pareja.

El enojo en las relaciones afectivas

Mace considera acertadamente que el enojo **no es un sentimiento primario** sino secundario.

La agresividad se manifiesta como reacción a lo que es percibido como un ataque personal. Pero detrás de ello hay algo más.

Digamos que alguien lanza una serie de reproches a su cónyuge. Por lo común, el desencadenante inmediato es la **frustración** producida por algo que esta persona desaprueba en su relación matrimonial. Al principio se formulan las solicitudes con cortesía, porque la **irritación** es leve. Pero si el ruego es ignorado, el cónyuge que se considera agraviado, probablemente lo interpretará como un **desafío** o un **rechazo.**

El cónyuge que ha recibido los reproches, por su parte, considera la situación desde una perspectiva diferente. Puede interpretar la solicitud de su pareja como ilógica, irrazonable o inoportuna; lo cual activa su sensación de **peligro**, que a su vez genera un estado de **temor o ansiedad.** Su percep-

ción intuitiva le dice que se encuentra frente a una situación difícil, y se pone en guardia.

Una reacción incontrolada, en estos momentos, podría abocar a la pareja a una situación crítica. Junto al temor o ansiedad puede surgir la frustración. Quien ha sufrido el reproche puede sentirse molesto porque su cónyuge haya sacado a la luz la cuestión en un momento inoportuno.

Si la reacción por el temor o ansiedad es más fuerte que la frustración, el cónyuge que ha sufrido los reproches puede refugiarse en el **silencio.** Pero si consigue dominar su frustración, es probable que al sentirse agraviado u ofendido lance un **contraataque,** lo cual elevará el nivel de frustración del cónyuge que lanzó los reproches. Y quizá el reprochante también experimente cierta ansiedad al pensar a dónde los puede llevar ese enfrentamiento.

Entonces, el enojo es motivado por otros sentimientos, que son la verdadera causa de lo que está ocurriendo entre ellos.

Los sentimientos motivadores subyacentes de todo enojo son la **frustración** y el **temor o la ansiedad.**

¿Sentimientos? ¿Emociones? Todos tenemos[*]

Todo el mundo acepta sin dificultad que es **normal y natural** albergar sentimientos y experimentar emociones.

La emotividad forma parte del ser humano, al igual que la capacidad de razonar y pensar.

Aunque sabedores de ello, la mayoría nos encontramos **incómodos** cuando alguien expresa emociones o sentimientos intensos.

---

[*] En el lenguaje corriente se emplea el término 'sentimiento' como sinónimo de 'emoción'. Ahora bien cuando queremos ser precisos conviene que distingamos entre uno y otro. En psicología se considera que el **sentimiento** es interno, subjetivo, y no se halla ligado a órganos sensoriales específicos, ni puede ser localizado en un lugar concreto del organismo. La **emoción,** sin embargo, es una reacción psicoafectiva intensa, que normalmente se manifiesta externamente. Va ligada a una excitación del proceso orgánico global de descarga de energía. Implica la excitación del sistema nervioso autónomo. Se podría decir que **"se *tienen* sentimientos"**, pero **"se *experimentan* emociones"**.

No debiera sorprendernos el hecho de que surjan discrepancias con nuestra pareja. El problema no radica en eso, sino en nuestra forma de solucionarlas, de modo que provoquen el mínimo de frustraciones, y con ello evitemos resentimientos.

Además, muchos de nosotros no logramos **reconocer,** y mucho menos **aceptar,** nuestros propios sentimientos y emociones. Los consideramos una fuerza desestabilizadora que llena nuestra vida de obstáculos y problemas en las relaciones interpersonales.

Represión de los sentimientos y las emociones

Debido a nuestro temor, ignorancia e incomodidad con respecto a nuestra propia emotividad, dedicamos bastante tiempo y energía a **negarla o ignorarla.**

Este problema generalmente comienza en la **infancia,** cuando los padres instan a sus hijos, desde pequeños, a que **repriman** sus emociones.

En el ámbito laboral se refuerza este aprendizaje. Seguramente el lector habrá oído decir más de una vez algo así como:

*«Tenemos que actuar con la **cabeza** y dejarnos de **sentimentalismos.**»*

Hablar de lo que yo siento

Cuanto más nos distanciamos de nuestros sentimientos, tanto más fácil nos resulta hablar de ellos.

*«Puedo hablarte con más facilidad de lo que me enojaba hace un año, que comentarte lo que **ahora** estás haciendo... Y que me está irritando.»*

Resulta muy difícil hablar del enojo que nos embarga en un determinado momento. Nos sentimos incómodos cuando tenemos que hablar de nuestro estado de ánimo presente.

Los sentimientos y emociones se consideran un problema, porque reconocemos que tenemos **menos control** sobre aquello que **sentimos** que sobre nuestro **comportamiento.**

¿Sentimientos de quita y pon?

Los sentimientos **no pueden** albergarse, ni las emociones experimentarse, y hacer que desaparezcan **a voluntad,** sin más.

Cuando la agresividad ha sido activada, y la **adrenalina** circula por la sangre, la elección de volver al estado de equilibrio anterior no puede surtir efecto inmediato; porque el organismo requiere **tiempo** para metabolizar la adrenalina y **restablecer** el equilibrio emocional.

No puedo detener mi agresividad **diciendo** que no quiero sentirme enojado, ya que las emociones son **reacciones *espon-***

táneas a situaciones sobre las que por lo general tenemos **escaso control**.

El control emocional

Para controlar una reacción procuramos estructurar el ambiente a fin de que no provoque esa emoción que deseamos evitar.

Controlar al otro

En el matrimonio **se desperdicia** mucho **esfuerzo** tratando de **modificar** los sentimientos o **controlar** las emociones. Esto es lo que sucede:

«Procuraré conseguir que me trates del modo como yo deseo que lo hagas. Tú harás lo mismo y procurarás conseguir que yo actúe de una forma que satisfaga tus necesidades.»

Cada uno de nosotros entonces intenta **controlar** la relación interpersonal y **el comportamiento del otro,** a fin de ejercer control sobre nuestros propios sentimientos y emociones.

«Tal vez, al admitir la existencia de enojo que surge en mí contra ti, reconozco que tú posees más control sobre mí, y mi comportamiento, del que me gustaría que tuvieras. Si tú eres la causa de mi enfado, tal vez voy a querer que dejes de hacer lo que lo está provocando. Entonces, mi enojo, más que una emoción, se convierte en un instrumento o un arma para forzar un cambio de comportamiento en ti.»

Una pérdida de poder

Buena parte de nuestro enojo surge de una **pugna por el poder**, un deseo de mantener el control en una relación. El razonamiento, casi siempre inconsciente, es más o menos este:

«Quiero predominar y controlar nuestra relación. Así que ceder ante ti en cualquier asunto significaría una pérdida, o al menos una disminución, del control. Por lo tanto, mi enojo me será útil para

controlarte. Si te atreves a frustrarme, tendré que aumentar mi agresividad o retirarme de la relación. Si tú me desafías con frecuencia, entonces debo mantener un estado de enojo constante, con el fin de no perder el control de la relación.»

En cualquier **relación afectiva íntima** los sentimientos y emociones se manifiestan en toda su variada amplitud e intensidad. No podemos evitarlo, a menos que mostremos una indiferencia total. No es posible activar y desactivar nuestra emotividad. Los cónyuges no pueden evitarse el uno al otro. El matrimonio exige una **interacción constante.** Toda reacción motivada por su cónyuge, lo conecta a usted con él, ya se trate de emociones positivas (gozo y satisfacción) o negativas (frustración y enojo).

La idea de abandonar el control de nuestros sentimientos o emociones para que otros los manejen nos **asusta.** Sin embargo, la **unión sentimental** con una persona a quien amamos es una **de las mayores recompensas** de la vida. Para encontrar esa relación emocionalmente satisfactoria, puede ser que tengamos que arriesgarnos a ceder parte del control sobre nuestros propios sentimientos y emociones, así como sobre nuestro entorno. **El amor,** por supuesto, **tiene su precio, y sus riesgos.**

Encauzar y dirigir el enojo

Expresar el enojo de forma impropia, su supresión o reprimirlo, son métodos inmaduros y destructivos de tratar este sentimiento o más propiamente emoción. Sin embargo, mucha gente no conoce otra forma de hacerlo.

En nuestra encuesta sobre la comunicación conyugal (ver nota pág. 21), el **35%** de los que respondieron afirmaba que podía manejar su agresividad o su enojo de forma **constructiva** en todo momento o casi siempre, lo cual supone que un **65%** se da cuenta de que **no lo consigue,** y que en consecuencia necesita ayuda.

continúa en la página 90

Respuesta usual al enojo

Existen tres métodos para manejar el enojo: suprimirlo, expresarlo o reprimirlo

Supresión del enojo

Reconocemos que estamos enojados pero no sabemos qué hacer con nuestra enojo. Tratamos conscientemente de **controlarlo en lugar de expresarlo.**

Al poner una barrera a este sentimiento, impedimos que nuestro enfado afecte a los demás. El enojo hierve dentro de nosotros, pero permanece oculto a los demás, e incluso posiblemente al cónyuge.

Caso práctico
• • • • • • • • • • • • •

Adolfo creció en un hogar en el que se suprimía el enojo. Las creencia de su familia era que **enojarse es algo moralmente inadmisible.** Si se atrevía a expresar su enfado era castigado severamente. Recuerda haber lanzado los libros contra el suelo después de un exasperante día de clase. Eso le costó un sermón sobre el dominio propio y toda una tarde encerrado en su cuarto sin comer. Otras manifestaciones de enojo llegaban incluso a ser castigadas con unos buenos azotes.

En su interior se fue acumulando el **resentimiento.** De adulto no mantuvo enfrentamientos ni discusiones.

Sus amigos **consideraban su matrimonio muy feliz,** debido a las apariencias de armonía y a la ausencia de fricciones. Pero él y su esposa eran dolorosamente conscientes de la existencia de una **distancia sentimental** entre ellos. En Adolfo se manifestó con una hipertensión e impotencia sexual.

• • • •

Existen, por supuesto, situaciones cuando la **supresión del enojo es lo conveniente.** Por mucha agresividad que uno sienta contra su jefe, la supresión del impulso de insultarlo o agredirlo, es el comportamiento más sensato y aconsejable.

Expresión del enojo

En la expresión del enojo, la persona **nos dice exactamente lo que siente,** con independencia de cuánto nos vaya a doler. Puede hacerlo con palabras ofensivas, gritos violentos y hasta con amenazas. Una vez concluido el proceso de **haber soltado toda la presión,** se siente mejor.

¿Pero qué sucede con la otra persona sobre la que se descarga la agresividad? ¿Qué clase de cicatrices emocionales deteriorarán la relación si ese comportamiento se convierte en habitual?

En una encuesta que realizamos (ver nota pág. 21) descubrimos que el **20%** de los encuestados admitió que nunca, o pocas veces, pedía disculpas después de un estallido de ira que hubiera podido provocar heridas importantes en la persona afectada.

Caso práctico
• • • • • • • • • • • • •

Rubén fue criado por padres bien intencionados pero complacientes. Casi siempre lograba salirse con la suya después de una pataleta o rabieta. Así llegó a pensar que sus padres le tenían miedo.

De adolescente, amenazaba con irse de casa en cuanto sus progenitores no lo complacían. No se necesitaba mucho para hacer estallar su agresividad. Le hacía la vida imposible a todo el que no actuara de acuerdo con sus gustos. El comportamiento diario de Rubén era hostil y áspero. Era como una bomba de tiempo que podía explotar en cualquier momento.

Su pobre **esposa tenía que soportar toda su desbocada agresividad.** Rubén disculpaba su comportamiento echando las culpas a sus padres.

■ ■ ■ ■

El **enojo expresado sin control** suele ser una **excusa** de algunos, que pueden controlar su agresividad, pero no quieren hacerlo.

Represión del enojo

En el enojo reprimido rehusamos reconocer nuestro enfado. Algunas personas caen en esta trampa porque piensan sinceramente que el hecho de **enojarse es incorrecto o nocivo** en sí mismo. A fin de vivir en armonía con esa creencia suya, evitan dar expresión a su enfado.

Caso práctico

Irene se crió en el seno de una familia que tenía un concepto erróneo de lo que es el enojo. Se presentaba con frecuencia, pero nunca se expresaba exteriormente. Recordaba con claridad el enrojecimiento de la cara de su padre y su apresurada salida cada vez que se enfadaba. Cuenta que la castigaban con severidad, si manifestaba el más

mínimo grado de mal genio. Por dar un portazo, tenía que abrir y cerrar la puerta suavemente cien veces. "Airarse es pecado", era lo que se le había inculcado.

Estas lecciones aprendidas en la niñez las llevó al matrimonio. Irene sabía que no era feliz, pero **ignoraba que sintiera enojo.** Sufría de enojo reprimido.

■ ■ ■ ■

Pretender que no sentimos enojo no resuelve nada, sino que prepara el camino para un **estallido ulterior.** De todas las respuestas al enojo, **la represión es la que causa más problemas.**

Hemos de aprender a "Encauzar y dirigir el enojo", de acuerdo con las pautas que ofrecemos en este apartado que comienza en la página 85.

Cómo actuar cuando el cónyuge "explota"

Todos nos defraudamos mutuamente en algunas ocasiones. Aquí ofrecemos algunas sugerencias que usted puede aplicar en caso de que su pareja le haya fallado.

Aceptar el enojo del cónyuge como expresión válida de su estado anímico

Puede ser que su estallido sea irrazonable, pero **tiene derecho a enojarse.** El enfado de nuestro cónyuge puede resultarnos muy desagradable, pero **no significa que la relación conyugal se haya deteriorado.** En los mejores matrimonios caben manifestaciones emocionales turbulentas.

La culpa no siempre es mía

Su cónyuge quizá lo culpe a usted de su enojo. Niéguese a aceptar esa idea. Usted no es el responsable, ni el causante, a pesar de lo que su pareja diga. **Su cónyuge ha elegido por sí mismo** manifestar su enojo, y es probable que lo haga para obligarlo a usted a adaptarse a sus deseos. Rehúse dejarse manipular a través del enojo.

Intentar ser razonable

«Aunque mi cónyuge viole las reglas al maldecir, gritar o actuar con falta de respeto, **yo puedo elegir mantenerme sereno(a) y razonable.»** Conviene expresar nuestros pensamientos, sentimientos y convicciones con **firmeza y confianza,** mediante mensajes asertivos **en primera persona:** «Realmente me duele cuando amenazas con..., porque con eso rompes las reglas que hemos establecido de común acuerdo; entonces me siento muy inseguro(a) de tu afecto». Y a continuación hay que seguir **expresándose de forma lógica,** y en todo caso respetuosa y cortés.

Todo tiene su límite

Si su cónyuge continúa con manifestaciones irrazonables y amenaza con violencia

física o psicológica, quizá lo mejor sea retirarse del lugar. Dígale con calma que usted no tiene inconveniente en **discutir el asunto en cuanto su pareja haya recuperado el dominio propio.** A continuación **retírese** hasta que su cónyuge haya recobrado la calma.

Abstenerse de pedir disculpas de inmediato

Algunas personas temen que se produzca otra pelea matrimonial, y, para evitarla, se apresuran a pedir disculpas incluso ante acusaciones irrazonables, exageradas, o falsas incluso. Sin embargo, un cónyuge que somete a su pareja a abusos verbales no merece que se le pidan disculpas.

Puede ser que usted sea parcialmente responsable del problema; pero, **recompensar con una petición de disculpas el comportamiento abusivo,** le enseñará que su mal proceder tiene éxito.

Pedir disculpas puede resultar apropiado en un momento posterior, **cuando su cónyuge haya recuperado el control de sí mismo.** Reserve sus excusas para cuando llegue ese momento.

Recompensar al cónyuge cuando manifieste su desacuerdo de modo razonable

Cuando su pareja demuestre que ha progresado en el control de su agresividad, refuerce ese comportamiento positivo mostrando **disposición a escuchar y negociar.**

Conservar la dignidad

No acepte que el abuso verbal de su cónyuge arruine su dignidad personal. Sus observaciones humillantes **no hacen que usted sea inferior,** a menos que elija creerlas. Conserve su autoestima dedicándose a alguna actividad que le resulte gratificante.

■ ■ ■ ■

Si no puede poner en práctica estas sugerencias, considere la posibilidad de consultar a un consejero matrimonial o psicólogo, con el fin de obtener apoyo y orientación. Todos, en algún momento, y en determinados ámbitos de la vida, podemos necesitar orientación y apoyo profesional.

viene de la página 85

Cuando se niega la existencia del enojo, o cuando se resuelve inadecuadamente, acaba aflorando de modo indirecto.

La negativa a gestionar constructivamente la agresividad y el enojo, puede provocar graves **problemas de salud,** como úlcera, dolores de cabeza, crisis de ansiedad o depresión, entre otros.

Hay que tener siempre bien presente que cuando **coartamos la expresión de *un* sentimiento o *una* emoción,** los **coartamos *todos.***

Cuando suprimimos la expresión del enojo también, aunque no lo queramos, estamos haciendo lo mismo con el amor, la felicidad, el gozo y el deseo sexual.

Una agresividad saludable

Ser conscientes de nuestras reacciones airadas no es nocivo, sino todo lo contrario.

No se trata de que suprimamos nuestras manifestaciones de enojo, ni de que las reprimamos, sino de que las **manejemos** y las **expresemos** de forma **controlada y constructiva.**

El apóstol ***San Pablo,*** cuando, en su Epístola a los Efesios, recomienda: «*Airaos, pero no pequéis*» (4: 26), no está aconsejando que anulemos nuestro enojo, sino que lo **canalicemos** de una forma adecuada.

Según este consejo bíblico, hemos de **darnos cuenta** de cuándo estamos realmente enojados, y **aceptarlo;** pero a la vez es necesario que mantengamos el **control** sobre nuestro estado de ánimo, de modo que no perdamos el dominio propio.

Vemos que las Sagradas Escrituras no desaprueban el enojo justificado, cuando es mantenido bajo control y dirigido hacia la eliminación del mal.

La **agresividad saludable** surge en nosotros para oponernos a las injusticias, en vez de que nos dejen indiferentes.

Cuando otros seres humanos son lastimados o tratados injustamente, sometidos a abusos o sufren innecesariamente, nos rebelamos contra ello.

Los sentimientos de enojo pueden motivarnos a **cambiar o corregir** las injusticias.

Procesar las emociones antes de que escapen de nuestro control, es una respuesta madura y positiva frente a una tensión anímica creciente.

El procesamiento del enojo es difícil, porque cuando estamos dispuestos a admitir que estamos enojados, ya hemos enviado inequívocas señales no verbales que ponen en evidencia nuestro estado de ánimo alterado por la irritación.

Cuanto más nos aproximemos al punto de pérdida del control de nuestro enojo, tanto menos razonable será nuestro comportamiento. El sentido común y el pensamiento racional pasan a un segundo plano cuando la agresividad se impone sin control.

Cómo encauzar positivamente el enojo

Si aprendemos a controlar y encauzar de modo positivo la agresividad y el enojo, nos ahorraremos pleitos inútiles y perjudiciales.

Esto es posible, si ponemos en práctica algunas sencillas reglas que exponemos a continuación.

Disminuir el enojo

Cuando los cónyuges se hallan alterados, intentar resolver un problema resulta prácticamente imposible. La alteración emocional tiene que disminuir antes de que ambos sean capaces de percibir racionalmente la situación.

La agresividad supone un despliegue de **energía.** Cuando alguien está enojado puede maldecir, escupir, llorar, arrojar objetos, golpear a alguien, patear el perro, o poner en práctica otros métodos inútiles para disipar su irritación. En lugar de permitir que la agresividad se desate en un ataque descontrolado, hemos de convertir la energía que

Para controlar el enojo, la tradicional receta de contar hasta diez, o si hace falta hasta cien, antes de reaccionar, sigue siendo la más eficaz. Además, es necesario descargar la agresividad que todos vamos acumulando mediante la práctica regular del ejercicio físico.

genera en algo que resulte beneficioso para nosotros mismos.

Es necesario que cada cual encuentre un **método físico** seguro que le permita **disipar esa energía**. Se puede nadar, andar o correr, montar en bicicleta, hacer gimnasia, partir leña, barrer la casa, limpiar los cristales de las ventanas, quitar las malezas del jardín, o hacer cualquier otra cosa útil que alivie en poco tiempo la tensión física producida por el enojo.

Al celebrar sus bodas de oro le preguntaron a un caballero cuál era el secreto de su buena salud física y del éxito de su matrimonio. Su respuesta fue:

–No sé... Quizás porque, cuando nos casamos, convinimos que, si en algún mo-mento yo no estaba de acuerdo con algo, saldría de casa a pasear, con el fin de evitar la discusión. Desde entonces vengo dando muchos paseos al aire libre...

Todos necesitamos adoptar un método que nos permita reconducir nuestras reacciones negativas **de forma constructiva**. Cuando uno se encuentra irritado o enojado le resulta difícil pensar y actuar racionalmente.

Si conseguimos reducir la intensidad de nuestro enojo, podremos enfrentarnos con mejor disposición al problema.

Responsabilizarse del enojo

Antes de poder compartir nuestros sentimientos y emociones es necesario que comprendamos que el enojo surge como resultado de un proceso que se encuentra bajo la dirección de la voluntad. Esto puede parecer novedoso para quienes acostumbran a echar la culpa a otros de su enfado, impaciencia o agresividad. Dicen cosas como: *«Me pones furioso cuando...»* o bien: *«Me avergüenzas cuando...»*

Resulta más fácil culpar a los demás, en lugar de **reconocer** que **yo** soy el responsable.

Nadie más, fuera de mí, es responsable de mi propio enojo.

Las acciones de mi cónyuge puede ser que desencadenen mis instintos defensivos de agresividad, pero **únicamente yo** soy responsable de mi modo de **reaccionar** ante cualquier situación.

No deberíamos permitir que nadie, ni aun la actitud de nuestra pareja, determinara nuestra propia forma de actuar.

Cada cual, por sí mismo, puede y debe aceptar la responsabilidad por todas sus manifestaciones de enojo, independientemente de qué o quién las haya provocado.

Compartirlo verbalmente

Hay que **evitar** por todos los medios la emisión de mensajes en **segunda persona:**

«Me exasperas cuando...»

Siempre debieran ser en **primera persona del singular.** Por ejemplo así:

«Me siento molesto cuando das permiso a los niños para que..., sin haberme consultado antes; porque a mí me parece que eso contribuye a que no respeten mi autoridad. No me gusta perder el control sobre mis reacciones, de modo que me agradaría que llegáramos a un acuerdo sobre esto, con el fin de que ninguno de los dos se sienta vencedor, o derrotado.»

La expresión adecuada de los sentimientos y emociones desactiva cualquier manifestación de enojo o actitud defensiva del cónyuge, lo que permitirá a ambos un acercamiento para llegar a algún tipo de consenso.

Se necesita ayuda

Es improbable que ante una solicitud de ayuda, alguien que ha sido víctima de nuestra agresividad y consiguiente enfado, nos la niegue. Una petición tal casi siempre será recibida como un anhelado alivio.

Cuando la petición de ayuda sea aceptada, es el momento de trazar de común acuerdo un plan que determine lo que la parte que se enoja desea que haga su cónyuge cuando eso ocurra.

Las indicaciones precedentes ayudan a recuperar la libertad para mantener el control sobre nuestra propia existencia.

Motivos de enfrentamiento

«Nos queremos de veras, pero discutimos continuamente –me confesaba una desalentada esposa después de catorce años de matrimonio–. ¿Podría explicarme por qué nos dejamos llevar por un comportamiento tan destructivo? Hemos tratado muchas veces de cambiar de actitud, pero hasta ahora no lo hemos conseguido.»

Veamos diversas razones que provocan discusiones y peleas en las parejas.

"No está a la altura que debiera"

Cada uno nos hemos hecho un cuadro mental más o menos preciso de cómo debe comportarse el cónyuge perfecto.

Cuando usted se disgusta con su pareja, se debe a la discrepancia entre el comportamiento de la otra parte y la idea que usted tiene de cómo debiera actuar.

Cuando la realidad choca con nuestras expectativas, experimentamos diversas sensaciones: irritación, aflicción, dolor, disgusto, un nudo en el estómago, y finalmente el inevitable enojo.

La manifestación de agresividad es la estrategia para **cambiar a la persona, con**

*Es una señal de madurez que el tiempo dedicado a discutir se consa-
gre solo a temas realmente importantes. Cada uno de nosotros tiene
solo un potencial limitado de energía emocional. Emplee usted el suyo en asuntos que contribuyan a la postre a edificar nuevos vínculos.*

el fin de que se convierta en el anhelado
cónyuge perfecto.

En numerosas parejas, que llevan viviendo juntas incluso veinte o más años, se des-
cubre una hostilidad mutua soterrada, y todo
porque uno de los cónyuges no ha satisfe-
cho las expectativas del otro, o ambos recíprocamente. Se pelean de continuo sin saber por qué. Sus discusiones resultan inútiles, no conducen a nada ni a ningún sitio;
pero siguen con sus agrias polémicas, y
siempre sobre prácticamente lo mismo.

Escala de valores descompensada

Los valores son las creencias o la filosofía
con que dirigimos nuestra existencia. Determinan nuestro comportamiento y estilo de
vida, aunque no seamos conscientes de ello.

Todos poseemos valores que consideramos importantes, pero les atribuimos distinto grado de importancia.

De modo que si uno de los cónyuges da
prioridad al ahorro, pero el otro se la da al
consumo; si uno aprecia las obras de arte,
los museos y las flores, y en cambio el otro
prefiere los eventos deportivos; si uno considera como máxima virtud la sumisión, pero el otro considera preferibles la igualdad y
la independencia; es probable que surjan serios conflictos en las relaciones maritales.
Estarán pues de acuerdo en que ahorrar, los
museos y la sumisión son valores importantes, pero puede que discrepen en lo que

continúa en la página 96

Motivos de enfrentamiento conyugal

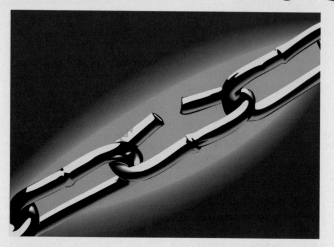

Según Robert O. Blood

El sociólogo Robert O. Blood y Donald M. Wolfe estudiaron a más de 700 parejas, y observaron que casi todas discutían por los mismos asuntos, por orden de frecuencia:

1. el dinero,
2. los hijos,
3. el empleo del tiempo libre,
4. la personalidad de cada uno,
5. los suegros,
6. la función de cada cual,
7. religión,
8. política.

Según Nancy Van Pelt

Encontramos resultados similares en nuestra encuesta a la que aludimos en diversas ocasiones (ver nota pág. 21), también por orden de frecuencia:

Influencia según el sexo

Varones
....
1. la comunicación mutua,
2. las finanzas (dinero),
3. la sexualidad,
4. los hijos,
5. los suegros.

Mujeres

1. la comunicación mutua,

2. las finanzas (dinero),

3. los hijos,

4. la sexualidad,

5. los suegros.

Ambos sexos catalogaron las fuentes de tensión en sus relaciones interpersonales casi por idéntico orden de importancia; con la única excepción del sexo y los hijos, que invierten sus respectivas posiciones.

Influencia de la situación laboral

Los conflictos de funciones –**quién** hace algo, **por qué, cuándo, cómo y dónde**– están afectando a un número creciente de parejas en que ambos cónyuges ejercen una profesión. En esta época de igualdad, **la mujer que trabaja fuera de casa** sigue conservando la carga de los deberes domésticos, incluido el cuidado de los hijos, lo cual **duplica su trabajo.** Incluso los hombres que animan a sus esposas a que ejerzan su profesión, suelen negarse a aceptar responsabilidades domésticas. Como resultado de esta discrepancia se producen desacuerdos y conflictos.

Influencia del tiempo de casados

Según estudios realizados sobre el matrimonio, la frecuencia de los conflictos y temas de discusión no permanecen constantes en el tiempo.

- Los **recién casados** tienden a enfrentarse más por **diferencias de personalidad,** por **comportamientos** irritantes a los que les resulta difícil adaptarse, y por cómo emplear el **tiempo libre.**

- Los que llevan **varios años de casados** discuten más por asuntos relacionados con el **dinero,** pero dichos conflictos disminuyen con el tiempo.

- Los **matrimonios de edad** son los que tienen **menor cantidad de conflictos.**

viene de la página 93

concierne a la intensidad de su importancia, o en qué momento o circunstancias lo son.

Cuando una pareja difiere en su escala de valores, eso puede considerarse un desacuerdo importante, con independencia de cuánto se quieran. Esa pareja entrará en conflicto cada vez que surja la cuestión de los valores. Se reconciliarán, harán el amor, pero volverán a discutir, y seguirán sin conocer realmente la razón de sus peleas.

"Ya no me quiere"

Todos necesitamos tres cosas de los demás: **afecto, reconocimiento y respeto.**

Aunque intentamos que estas tres necesidades sean satisfechas, la predominante es **el afecto.**

El problema es que el afecto –amor, cariño– no es tangible, por lo que resulta difícil visualizarlo.

Si preguntamos a un caballero cómo sabe que su esposa lo ama, resulta infrecuente que conteste de inmediato. Ella, durante toda su vida de casados, lo ha estado amando; pero él no puede explicar de qué forma, porque todo el mundo tiende a comprender el amor inconscientemente.

Para complicar aún más las cosas, algunas personas de tendencia pragmática, necesitan ver de continuo el amor en acción para sentirse amadas.

Es muy probable que la inmensa mayoría de las discusiones no se produjeran si las parejas fueran capaces de comprender las necesidades mutuas de **ver, oír y sentir** demostraciones de amor, reconocimiento y respeto.

Una pareja visiblemente enfrentada fue a consultar a un consejero matrimonial. Después de preguntarles cuál era el problema que tenían, la esposa dijo entre sollozos:

–Mi esposo ya no me quiere,

–¿Cómo lo sabe? –inquirió el consejero.

–Me arreglo bien para él, pero mi marido nunca lo nota ni me ofrece un cumplido –replicó la afligida esposa.

El consejero matrimonial se volvió hacia el marido, y le preguntó si quería a su esposa y cómo le demostraba su amor. Su respuesta fue:

–Por supuesto que la quiero. Siempre la acaricio, la abrazo y le doy palmaditas. Así es como un hombre demuestra su amor...

–¡Eso no es amor... ni cariño! –exclamó molesta la esposa–. No es más que una insinuación a que tengamos relaciones sexuales. Y eso me avergüenza terriblemente cuando me lo hace en público.

Ambos se querían, pero no de modo que se satisficieran sus recíprocas necesidades.

Su conflicto consistía en realidad en que cada uno **percibía y demostraba** el amor de forma diferente.

Muchos matrimonios podrían salvarse simplemente si comprendieran que no todos tenemos la misma percepción de las demostraciones amorosas.

"No hay manera de entenderse"

Otra causa frecuente de discusiones es que, quien recibe un mensaje, reaccione como si hubiera comprendido el significado de dicho mensaje, y actúe basándose en esa suposición.

Sin comprobarlo, supone que ha captado el verdadero contenido del mensaje, y responde de acuerdo con su inexacta interpretación.

Supongamos que su cónyuge dice con una voz que usted interpreta como un refunfuño.

«Oye, ven acá, ¿quieres?»

Así que casi seguro que usted pensará:

«¿Qué habré hecho mal ahora?»

Eso puede ponerlo(a) a usted a la defensiva, ya que ha supuesto que el tono de voz significa que su cónyuge está enojado con usted.

Y es cierto, el tono de voz podría significar que está disgustado con usted; pero también podría querer decir que está enojado

Las pautas de comportamiento y las reacciones femeninas no siguen los mismos patrones que las masculinas. Un adecuado conocimiento de estas diferencias puede evitar muchos de los conflictos que se producen dentro de la pareja.

con alguien o algo que todavía no ha sido identificado.

Muchas dificultades comienzan inocentemente de ese modo:

—Ya te he oído, y sé **muy bien** lo que quieres decir...

La otra persona replica:

—No, **eso** no es lo que yo quería decir.

—Pues **yo** te digo que sí. Te conozco demasiado bien —contradice el otro cónyuge—. Cada vez que empleas ese tono de voz significa que estás enojado(a) conmigo.

Y así continúa la interminable discusión.

Podemos ahorrarnos muchas discusiones innecesarias si hacemos las **averiguaciones** oportunas *antes* de llegar a una **conclusión negativa.**

Manifestación del enojo según el sexo

Es más probable que **los *hombres* eviten** una discusión que las mujeres, según evidencia aportada por *Robert Levenson,* profesor de psicología de la Universidad de Indiana, y ello por una razón fisiológica.

Según Levenson, que ha analizado las reacciones de las parejas en las discusiones de problemas conyugales, los hombres reaccionan con un notable aumento de los latidos del corazón ante las tensiones de la discusión, lo cual no les ocurre a las mujeres.

Los *varones,* además, tienen tendencia a **retirarse** cuando el conflicto se prolonga. Responden a los ataques más o menos como lo hacen las mujeres, con el deseo de protegerse a sí mismos; pero tienden a liberar la agresividad en **estallidos repentinos sucesivos,** y no en lentas negociaciones.

Estas conclusiones coinciden con nuestros estudios, que ponen en evidencia que la mayoría de los *hombres* expresan su **enojo** sólo **varias veces por mes,** mientras que las *mujeres* admiten hacerlo **varias veces por semana.**

Esto indica que los hombres tienen más tendencia que las mujeres a contener su enojo.

Lo *preocupante* es el gran número de personas que lo expresa únicamente **varias veces por año o nunca.** Estas personas probablemente consideran que expresar enfado es **impropio, o ni siquiera reconocen el enojo** cuando lo experimentan.

Después de lo que hemos visto, resulta fácil comprender cómo una pareja, por mucho que se preocupe el uno del otro, puede experimentar considerable frustración cuan-

continúa en la página 100

El estilo con que se resuelven los conflictos

Aunque cada familia adopta una forma peculiar de hacer que funcione sin chirriar el engranaje del hogar, los sociólogos han identificado cinco estilos básicos de resolver los enfrentamientos.

Competitivo

El objetivo fundamental del cónyuge competitivo es **ganar sin tomar en cuenta el costo.** Considera cada conflicto como una guerra. Manifiesta **mucha preocupación por sí mismo** y muy poca por el otro.

Evasivo

«No quiero hablar de eso», es una frase que los evasivos repiten con frecuencia. Un cónyuge de este tipo, se halla predispuesto a **pasar por alto sus propios gustos y deseos, y no le preocupan los del otro.** Cuando surge el conflicto, **se retira sin decir nada.** Este estilo de soslayar los enfrentamientos se convierte en mortífera amenaza para la intimidad, y finalmente hasta puede destruir un matrimonio.

Transigente

El arte de transigir –«Lo haré así **porque** es lo que **tú** quieres, o lo que **a ti** te gusta»– incluye **preocupación por uno mismo y por los demás.** Los que dominan este arte se afirman a sí mismos con bondad; pero moderan sus exigencias, con el fin de que **ambas partes** obtengan cierto grado de **satisfacción.**

Colaborador

El colaborador, contrariamente al evasivo, se halla muy motivado para **negociar soluciones creativas** que satisfagan las necesidades de ambas partes en conflicto. Generalmente posee una **autoestima elevada,** que se manifiesta en sincera preocupación por sí mismo y por los demás. Su objetivo **no es ganar, sino la mutua satisfacción.**

Pacificador

El objetivo del pacificador es: «La buena armonía por encima de todo». Se encuentra tan motivado para mantener la paz, que llega a **descuidar sus propias necesidades** para satisfacer a su pareja. Este estilo es el opuesto al del competitivo. El pacificador puede entrar en conflicto, pero al final **siempre cede** en aras de la concordia.

■ ■ ■ ■

Aunque cada uno de nosotros tiende a adoptar un estilo predominante de enfrentarse, los psicólogos concuerdan en que **una combinación de estos estilos,** según las circunstancias, **produce** a la larga **los mejores resultados.**

Ana y Rogelio llevan 27 años casados. Han adoptado un sistema práctico para determinar cuándo actuar de modo pacificador y cuándo enfrentarse. Él explica: «No tratamos los desacuerdos menores como una catástrofe. Si el asunto es de gran importancia para mí, lucho por lo que quiero. Si se trata de algo que Ana desea adquirir, le digo que lo compre, si disponemos de dinero; aunque no ocupe uno de los primeros lugares en mi lista de prioridades. Si, por ejemplo, yo quiero comprarme una videocámara, ahora le toca a ella el turno de ceder. Es como un juego de concesiones mutuas. No se trata de una actitud unilateral. Hemos descubierto con los años que enfrentarse por asuntos de poca monta es mucho menos importante que la estabilidad de nuestra relación.»

Es señal de **madurez** invertir tiempo en **enfrentarse únicamente por asuntos de importancia.** Si cree que se ha violado un principio que usted valora mucho, luche por él. Pase por alto lo secundario o trivial.

El sabio **Salomón** nos indica: «**La cordura del hombre detiene su furor, su honra es pasar por alto la ofensa**» (Proverbios 19: 11).

Utilicemos nuestra provisión de energía emocional en asuntos que contribuyan al **fortalecimiento de los vínculos** afectivos.

viene de la página 97

do no pueden dirimir apropiadamente sus diferencias.

A menos que los dos hayan aprendido métodos apropiados para lograr soluciones sin que haya vencedor ni vencido, el conflicto persistirá. Y de esos métodos, que evitan los resentimientos, vamos a hablar ahora.

¿Es bueno discutir?

Puede que el lector o la lectora, como la mayoría, crea que discutir, disentir, entrar en conflicto o pelearse, resulta inapropiado o incluso incorrecto, en las relaciones interpersonales normales.

Este punto de vista ha quedado desvirtuado por la abundante información aportada en los estudios psicológicos sobre la cuestión.

Las parejas que afirman que **nunca se pelean,** o bien **se están engañando** a sí mismas, o son completamente incapaces de hacer un autoexamen sincero de sus sentimientos y emociones, que para el caso es lo mismo.

Quienes rehúsen reconocer la **necesidad de la discrepancia y el contraste** de pareceres sufrirán a causa de la agresividad y el enojo desplazados como hostilidad, inestabilidad emocional, depresión, y diversos problemas de salud, además de la falta de intimidad.

Numerosos psicólogos consideran que un **conflicto ocasional** es señal de una **relación sana y satisfactoria**. Demuestra afecto y preocupación solícita.

George R. Bach y ***Peter Wyden,*** en su ya clásico *The Intimate Enemy: How to Fight Fair in Love and Marriage* [El enemigo íntimo: Cómo enfrentarse correctamente en el amor y el matrimonio], comentan:

«Hemos descubierto que las parejas que discrepan y se enfrentan directamente son parejas que permanecen unidas, siempre, eso sí, que sepan cómo discutir correctamente.»

Por supuesto, todo enfrentamiento entraña sus riesgos, pero aprender a **discrepar correctamente** podría ser la **técnica del arte de comunicarse más valiosa** que podamos adquirir.

Los **enfrentamientos directos** entre dos personas que se preocupan solícitamente una de otra, no tienen por qué considerarse un comportamiento destructivo. Pueden resultar, en cambio, una **experiencia muy positiva.** Significa que ambos se preocupan uno de otro, que están dispuestos a tratar un problema y a dialogar hasta encontrar una solución mutuamente satisfactoria.

Aquellas familias cuyos componentes **no discuten nunca** entre sí, lo más probable es que **no sientan interés mutuo** suficiente como para arriesgarse a cambiar el estado de las cosas en un momento dado.

Un enfrentamiento familiar no es bueno ni malo en sí mismo, todo depende de la **actitud** con que aborden las discrepancia las partes en litigio y del **resultado** final.

Métodos constructivos para resolver los conflictos

Todos los días suceden incidentes menores que pueden perturbar la paz y la unidad en el hogar.

Por eso es preciso conocer el modo más positivo de resolverlos.

La **negociación** y el **análisis** intensivo son métodos adecuados para los problemas mayores, pero lo que se necesita es un plan para **resolver las irritaciones triviales** que ocurren todos los días.

Algunas parejas prefieren discutir los problemas a medida que se van presentando. Otros aseguran que el momento más adecuado para discutirlos es antes de acostarse. Incluso existe un reducido porcentaje que prefiere discutirlos en un momento fijo cada semana.

Es conveniente tener prevista una estrategia para cuando uno de los dos cónyuges experimenta irritación o enojo, y se necesita una rápida solución.

Nosotros proponemos a continuación un sistema que consta de cuatro pasos.

1. Exponer el problema de forma asertiva personal

Hay que hacer siempre una exposición directa de los sentimientos sin expresiones humillantes, y sin decir al otro cónyuge lo que debe hacer.

El mensaje en primera persona tiene que ser transmitido bajo estas premisas:

«Yo siento... cuando tú... porque...»

2. Incluir los sentimientos expresados por el cónyuge

Este paso lleva implícito un mensaje de solícita preocupación.

Al **repetir,** en síntesis, la idea fundamental expuesta por la otra parte, cada interlocutor está demostrando que había **escuchado** atentamente, **captado** el problema, y **comprendido** los sentimientos y emociones involucrados.

3. Aceptar los sentimientos del otro

Esto permite a mi cónyuge saber que estoy aceptando sus sentimientos y emociones, aunque yo no esté de acuerdo con ellos ni con sus puntos de vista.

Aceptar no significa necesariamente **estar de acuerdo**.

Pero no resulta nada fácil asumir este concepto. Un estudio realizado por mí, demostró que solo el **31%** de las parejas encuestadas era capaz de apreciar la situación desde el punto de vista del otro.

4. Resolución

Cuando el cónyuge irritado ya no tiene nuevos sentimientos que expresar, y el problema y los sentimientos han sido expuestos nuevamente y aceptados, ha llegado el momento de presentar disculpas y resolver la discrepancia.

Ahora bien, pedir disculpas supone más que decir algo así como: *«Lo lamento»*.

¿Qué es lo que lamento?

Uno se ha disculpado y pedido perdón realmente cuando ha hecho lo que sigue:

1. Dice: «Lo lamento» o **«Lo siento»**.
2. Manifiesta **qué es lo que lamenta**.
3. Pide **perdón**.

La sincera solicitud de perdón constituye parte fundamental en la resolución de cualquier conflicto.

Una buena discusión no es una discusión buena

Él (mensaje en primera persona): *«**Me dolió** mucho cuando sugeriste invitar a tus parientes a mi cumpleaños, pero no dijiste nada de invitar a los míos. Eso **me hizo pensar** que no aprecias a mi familia.»*

Ella (mensaje de interés compartido): *«Si te he entendido bien, **me parece** que estás molesto **porque piensas** que me apetece tener a mi familia en casa para tu cumpleaños, pero no a la tuya.»*

Él (mensaje en primera persona): *«Exactamente. Tu familia me cae estupendamente, **pero** me molesta que no tengas en cuenta a la mía, y más cuando se trata de mi cumpleaños. Así que **me parece** que mis deseos deberían tomarse en cuenta, y que también debiéramos invitar a mis parientes.»*

Ella (mensaje de interés compartido): *«Por lo que dices deduzco que estás resentido por este asunto, y me da la impresión de que te has estado reservando tus sentimientos.»*

Él (mensaje en primera persona): *«Pues sí. Además, desde mi punto de vista...»*

No tenemos una solución aún. Pero ella tiene un cuadro más claro de lo que siente su marido. Cuando el esposo no tenga na-

A medida que un hombre y una mujer entablan relaciones, van surgiendo desacuerdos entre ellos. Mientras intentan llegar a una solución, cada uno de ellos se encuentra en libertad para aplicar las técnicas previamente aprendidas, al tiempo que ambos procuran con entusiasmo mantener el afecto mutuo.

da más que manifestar, ella podrá aceptar los sentimientos de él como válidos, y ambos podrán pasar a la etapa de las disculpas y la resolución del problema.

Ella (declaración de aceptación): *«Me doy cuenta de la frustración que te ha causado esta situación y me parece que reaccionaste de una forma lógica. Seguramente **yo en tu caso** habría reaccionado **igual**. (Disculpa y resolución:) Siento haberte disgustado al no incluir a tu familia con tanta frecuencia como la mía. **A veces pienso** que tu familia nunca me ha aceptado, así que **yo** no*

*me siento a gusto con ellos. De ahora en adelante **trataré** de tomar más en cuenta tus sentimientos e incluir a tu familia. Te ruego que me perdones.»*

A nuestra pareja se les presentó otro problema durante la fase de resolución.

Como él es un cónyuge que siente preocupación solícita por su esposa, tomará en cuenta lo que le acaba de decir, y cambiará de orientación. Ahora ella pasará a ser la que emita un mensaje y el marido será quien lo reciba.

Él (mensaje de interés compartido): *«Acepto tus disculpas. Veo que no te sientes aceptada por mi familia. Eso me preocupa y me gustaría comentarlo contigo.»*

Ella (mensaje en primera persona): *«Justamente. Sé que tal vez no lo comprendas, pero me siento una inútil cuando estoy con tu madre. Tengo la sensación de que no soy capaz de hacer nada bien.»*

Él (mensaje de interés compartido): *«Mi madre es el origen del problema... Y eso te está afectando bastante. Dime, dime...»*

Ella (mensaje en primera persona): *«¿Te acuerdas cuando vinieron de visita en Navidad? Lo único que le pedí que trajera fue...»*

Cada vez que un cónyuge comparte un problema, debiera hacerlo en forma de mensaje en **primera persona del singular.**

Hay que permitir que quien tiene el problema continúe compartiéndolo hasta que ya no le queden sentimientos negativos que expresar, mientras el otro escucha con interés solícito.

A menudo sucede que, después de haber expuesto la situación, ya quedan suficientemente aclarados los sentimientos como para resolverla de modo mutuamente satisfactorio.

Esta es una forma ordenada y madura de resolver cualquier diferencia.

No siempre se encontrará de inmediato una solución, pero cada uno podrá saber exactamente **cuál es la posición del otro.**

Quizá esto no parezca muy importante, pero el número de parejas que no puede resolver su conflicto, por no saber cuál es la posición del otro, es enorme.

Esas parejas suelen hallarse tan ocupadas tratando de **demostrar** *quién* tiene razón y quién es el equivocado, que nunca han sido capaces de **enterarse** de lo que el otro **les estaba** *realmente* **diciendo,** y por lo tanto tampoco se han ocupado de **la auténtica causa** de sus dificultades.

Puesto que el verdadero problema nunca se desentraña, continúan conviviendo como adversarios durante muchos años.

Preparación para resolver los conflictos

Todo resultaría relativamente fácil, si no tuviéramos que ocuparnos de mucho más que de sentimientos heridos por no haber sido invitados nuestros padres a una fiesta de cumpleaños. La vida es, por supuesto, bastante más compleja.

Incluso dentro de las mejores relaciones interpersonales surgen conflictos serios; pero que pueden resolverse eficazmente cuando la pareja se halla advertida y preparada, y conoce la mejor estrategia para actuar en cada caso.

A continuación presentamos algunas cuestiones vitales que debieran quedar aclaradas antes de intentar ocuparse en la búsqueda de solución a cualquier conflicto.

El mejor momento

No tiene ningún sentido intentar resolver problemas serios cuando ambos cónyuges se encuentran bajo el influjo del enojo u otros sentimientos o emociones negativos.

«No dejes que el sol se ponga sobre tu enojo», aconsejaba **San Pablo** en su Epístola a los Efesios 4: 26.

¿Resulta hoy válido, desde el punto de vista psicológico, este consejo?

Lo ideal es que las diferencias de opinión que hayan surgido durante el día sean resueltas con rapidez dentro del marco de referencia del amor. A menos que nos ocupemos de ellas de este modo, corremos el riesgo de que a la mañana siguiente hayan adquirido un tamaño desproporcionado.

Y una advertencia: Por querer seguir el consejo bíblico al pie de a letra, no intente resolver un problema importante cuando faltan menos de dos horas para acostarse.

Diverso factores, como la fatiga y la tensión emocional, disminuyen la eficiencia mental y aumentan la irritabilidad.

Un asunto realmente importante casi siempre puede esperar hasta la mañana siguiente.

Ahora bien, no posterguen el examen de esa situación más de 48 horas.

Dilatar indefinidamente el análisis del asunto, podría resultar tan **destructivo** como la actitud de negarse a tratarlo alejándose del cónyuge que inició el conflicto.

El lugar oportuno

La clave es encontrar un **"territorio neutral".**

La sala de estar suele resultar un lugar adecuado.

El dormitorio y la cocina, en cambio, pueden provocar reacciones negativas en ciertas parejas.

Algunos psicólogos recomiendan, a los que puedan, que vayan a un hotel, u otro lugar similar, para ocuparse de problemas serios sin interrupciones ni otros inconvenientes.

Si no se puede disponer de un lugar discreto, cualquier habitación de la casa que tenga dos sillas que les permita sentarse frente a frente puede ser útil. Asegúrese de que no habrá interferencias. Es preferible que los niños no estén en casa y que el teléfono permanezca desconectado.

LO QUE NUNCA DEBE HACERSE
durante una discusión conyugal

- **Injuriar o denigrar** a la otra parte.
- Proferir **amenazas** de ningún tipo, y menos de separación o suicidio.
- **Referirse negativamente** a los suegros, o a otros familiares o amigos.
- Hacer referencias degradantes sobre el **aspecto físico** del otro.
- **Despreciar** la capacidad de comprensión o **la inteligencia** de la otra parte.
- **Poner en duda la buena voluntad** o las intenciones del cónyuge.
- Usar ningún tipo de **violencia** física, aunque no sea más que en fase de amenaza
- **Interrumpir** al otro cuando está hablando.
- **Gritar.**
- Usar un **lenguaje** despectivo o grosero.

Al grano

Hay que evitar las divagaciones. Para ello se debería haber elaborado un esquema de lo que se quiere abordar.

Durante la conversación pueden surgir otros temas, pero debemos impedir que nos distraigan de aquello que nos preocupa. Una especie de agenda u **orden del día** esta-

blecido por escrito, puede ser la mejor solución para evitar divagaciones.

En este sentido es necesario que ambos cónyuges lo conozcan de antemano y que estén de acuerdo en hablarlo. Si uno de los dos propone otros temas, es mejor darlo a conocer antes, para evitar saltar de un tema a otro sin llegar a ninguna conclusión.

El tiempo es oro

Hay que fijar un límite de tiempo mínimo y máximo.

Si un tema es suficientemente importante para requerir una reunión, es indudable que necesitará un **mínimo de quince minutos** para ser resuelto.

Un máximo de **una hora** es razonable para los asuntos de importancia mayor, aunque conviene ser *flexibles.*

Si un asunto permanece sin resolver después de agotado el tiempo, se debe continuar, o bien se puede fijar otro encuentro para continuar la discusión.

Hay que cumplir con las normas

Que existan unas reglas claramente **establecidas y admitidas** por las partes, es algo sumamente importante en el análisis de cualquier conflicto, si queremos buscar una solución y evitar al máximo los inconvenientes.

Las reglas o normas hay que establecerlas **antes** de iniciar el análisis. Ambos cónyuges se tranquilizan cuando la discusión está dirigida por reglas que impiden los estallidos emocionales o la humillación de las partes.

Como normas básicas sugerimos las que figuran en el cuadro a la izquierda de esta misma página, juntamente con las del cuadro de la siguiente.

Sin salirse del tema

En cualquier discusión hay que ceñirse al asunto en litigio **hasta que *ambas partes* lo consideren solucionado.**

Cuantos más problemas se incluyan al mismo tiempo, tanto menor será la probabilidad de que alguno se resuelva.

Debemos establecer la norma de impedir la introducción de nuevas cuestiones, mientras no se haya resuelto la que se está discutiendo.

Hay que **evitar** por todos los medios mencionar problemas o enfrentamientos del **pasado.** Como regla general se puede decir que, cualquier conflicto ocurrido más de seis meses antes, debe ser olvidado, y no tiene por qué salir de nuevo a debate.

Conflictos graves e ineludibles

Ha llegado el momento de resolver un conflicto espinoso e impostergable.

Usted había dilatado el momento de hacerlo, pero a pesar de todo, ahora no puede soslayarlo por más tiempo y tiene que hacerle frente.

Ya había establecido con su cónyuge las reglas básicas para dirigir el comportamiento de ambos durante una confrontación, pero, ¿qué sucederá ahora?

Las reglas son las reglas

Una pareja estableció unas normas básicas para guiarse en caso de conflicto, que nos parecen muy oportunas y adecuadas. Por eso las hemos destacado, en esta misma página, en el cuadro adjunto.

Su resolución de respetar estas reglas hizo que ciertos momentos muy difíciles resultaran más llevaderos.

Cara a cara

Sentarse frente a frente ayuda a mantener el interés y el contacto visual directo.

Algunas parejas se entrelazan de las manos durante el diálogo, lo cual pone en evidencia su solícito interés, aun cuando estén tratando de resolver asuntos difíciles que les afectan negativamente.

LO QUE SIEMPRE HAY QUE HACER
en una discusión conyugal

- **No retirarse** nunca en medio de la discusión, sin haber llegado a un acuerdo.
- Usar un **tono normal** sin elevar la voz.
- **Ser positivo.** Jamás se debiera amenazar con ningún tipo de represalia y menos aún con la separación.
- Usar un **lenguaje** que resulte **aceptable para las dos partes.** La ironía o la burla están completamente fuera de lugar.
- Los asuntos importantes se discuten **siempre en privado,** y nunca delante de los hijos o familiares, y menos aún delante de personas ajenas a la familia.
- **Prestar atención y tratar de comprender** lo que quiere comunicar la otra parte.
- No actuar **a la defensiva.**
- **No se trata de ganar** o de tener la razón, sino de **llegar a un acuerdo.**

De uno en uno

Al comienzo, especifique claramente su objetivo. Por ejemplo:

«Armonizar nuestros trabajos para poder pasar juntos, por lo menos, una tarde en la semana.» O bien: *«Decidir si nuestras respectivas familias (suegros) debieran acompañarnos para Navidad o visitarnos en otra ocasión más adecuada para to-*

dos.» «*Decidir si conviene que el chico se vaya el próximo curso al extranjero a estudiar.*»

La lista de soluciones

Una vez que se hayan expuesto los planteamientos de cada cual, sin rodeos ni reservas, y se haya aclarado y comprendido el problema, los cónyuges en litigio podrán ver lo que realmente se halla en juego, y **buscar alternativas** razonables.

En este momento hay que tomar en cuenta todas las soluciones posibles, aunque parezcan poco prometedoras.

Conviene establecer una **relación** de esas **posibles soluciones,** pero sin valorarlas todavía.

Si hace falta se fijan por escrito.

Análisis de las soluciones

Establecidas todas las alternativas, hay que repasar la lista con el cónyuge, y se comentan las **consecuencias de cada una.**

Entonces se eliminan las que no parezcan factibles, y **se dejan las que** se hayan considerando **las mejores.**

La solución más aceptable

Esta elección puede requerir bastante negociación, y transigencia, por parte de ambos.

Ceder a las exigencias de un cónyuge en medio de un conflicto requiere bastante **madurez,** pero hay que cuidar que **no sea siempre el mismo** cónyuge quien ceda.

Se requieren **dos personas para provocar** un conflicto, y **dos para resolverlo.**

La solución más aceptable es la que mejor resuelve el problema, y al mismo tiempo satisface las nececidades de ambos

Qué, cuándo, dónde y cómo

Con el fin de evitar malentendidos futuros, anote en un cuaderno los acuerdos

Cuando una pareja aprende a compartir sus sentimientos, a comprender el punto de vista del otro, a buscar soluciones y aclarar las cosas, no hay duda de que ambos salen ganando.

adoptados, e incluya lo que cada uno debe hacer, cuándo, dónde y cómo.

"¡Vamos a conseguirlo!"

Quienes participan en una discusión necesitan comprender que, muchas veces, se abandona justo cuando se está a punto de llegar a un acuerdo. Como el enojo y la frustración van en aumento, optan por desistir prematuramente. Perseverando un poco más, podrían haber logrado una solución.

Mi esposo y yo nos dimos cuenta de esto con ocasión de un enfrentamiento por una cuestión bastante delicada. Habíamos llegado a un callejón sin salida, de modo que fuimos al dormitorio con el propósito de seguir analizando la situación de forma razonable.

En medio de la discusión, que por momentos se tornaba muy acalorada, me puse violenta. Sentía ganas de echarle en cara a gritos su injusticia y lo muy herida que me sentía. No quería volver a hablar con él de aquello, ni de nada. Pero me contuve, y decidí perseverar un poco más.

Al cabo de no mucho rato ambos habíamos superado el punto de estancamiento, a pesar de que hacía tan solo unos instantes me había parecido que no sería posible.

Y el problema quedó resuelto.

Nunca olvidaré el gozo y la profunda emoción que experimentamos después de ese incidente. Así aprendí a no abandonar la discusión de un asunto importante antes de tiempo.

Y... llega la calma

Hemos de tener **paciencia** con nosotros mismos y con nuestro cónyuge.

Aunque se hayan seguido correctamente todos los pasos, debemos tener siempre bien presente que **los cambios no se producen de la noche a la mañana.**

Se requiere tiempo para modificar los viejos hábitos.

Nunca hemos de esperar transformaciones repentinas.

Si es usted creyente, no olvide solicitar a Dios **paciencia y perseverancia.**

A continuación vuelva a establecer **contacto físico** con su cónyuge. Las partes en litigio evitan tocarse durante un periodo de conflicto.

En nuestro estudio (ver nota pág. 21) encontramos que al **72%** de los encuestados les resultaba difícil acariciar, o simplemente tocar, a su pareja cuando estaban enojados, lo cual deja desprovistos de afecto a numerosos cónyuges que lo necesitan con desesperación.

Una ligera caricia en la mano, un abrazo, o el cálido contacto de los cuerpos a la hora de acostarse, pueden disipar muchas dudas y malentendidos.

Un abrazo sincero produce más sensación de intimidad que las más bellas y poéticas de las expresiones verbales de amor.

Ahora es el momento de **hablar de algo agradable** que haya sucedido en su vida en común.

Los diálogos para resolver un conflicto se centran en problemas y dificultades, de modo que, en el mejor de los casos, resultan ingratos y pesados.

Aunque las relaciones interpersonales en el matrimonio no pueden estar siempre libres de tensiones, cada miembro de la pareja necesita tener la **seguridad de que será amado** y hecho objeto de solícita atención después del conflicto.

Hable con ella, o con él, de algo placentero. Hágale un cumplido inesperado o una sencilla caricia. Sonríale. Y así encontrará que nuevamente pueden acercarse el uno al otro.

Las discusiones que quedan inconclusas dejan a los cónyuges malparados y maltrechos emocionalmente, y con los canales de comunicación rotos. De ahí lo vital que resulta el dedicar tiempo a **hablar hasta dejar resuelto todo problema** significativo que se presente. Esto proporciona paz, y la cálida sensación de haber logrado algo útil.

*Ahora, mi esposa(o) y yo, ya **no tenemos que eludir la confrontación,** sino que podemos reunirnos, luchar juntos y fortalecer nuestros vínculos maritales. Nuestros conflictos ya no son una amenaza para nuestra intimidad conyugal.*

Cuando una pareja logra aprender a compartir todo lo que cada uno siente y piensa, a comprender sus recíprocos puntos de vista, y a resolver sus dificultades, ambos ganan y ninguno pierde.

Y esa es una recompensa de valor incalculable.

6

Una relación íntima satisfactoria

PATRICIA lleva casada 17 años. Mientras retuerce nerviosamente el pañuelo con el que había estado enjugándose las lágrimas, cuenta:

«Me acuerdo muy bien de nuestra primera cita de novios... Fuimos a cenar a un restaurante, pero no probamos bocado. Estábamos tan embelesados el uno con el otro, que hablamos durante horas, y perdimos el sentido del tiempo.

»Continuamos saliendo juntos durante varios meses. Yo había tenido amistad con algún muchacho, pero con Juan era... diferente. Ambos nos dimos cuenta de ello y desde el principio. Y, como no podía ser de otro modo, pasado un tiempo, nos casamos.

»Nuestro matrimonio, al principio, fue más o menos como había sido nuestro noviazgo. Lo compartíamos todo y **nos considerábamos** *amigos* **íntimos;** nos contábamos cosas que jamás hubiéramos comentado con nadie más.

En una encuesta realizada entre cuatrocientos hombres separados, todos ellos afirmaron que su matrimonio fracasó debido a que habían dejado de ser amigos de sus esposas.

Lo que mantiene unido
a mi matrimonio

HOMBRES

1. Mi esposa es mi mejor amiga.
2. Me gusta mi esposa como persona.
3. El matrimonio es un compromiso a largo plazo.
4. El matrimonio es sagrado.
5. Coincidimos en metas y objetivos.
6. Mi esposa se ha vuelto más interesante.
7. Quiero que la relación tenga éxito.
8. Un matrimonio duradero es importante para la estabilidad social.
9. Nos divertimos juntos.
10. Me siento orgulloso de los logros de mi esposa.
11. Coincidimos en una filosofía de la vida.
12. Coincidimos sobre la vida sexual.
13. Coincidimos en cuándo y con qué frecuencia demostramos afecto.
14. Confío en mi esposa.
15. Compartimos intereses y aficiones.

MUJERES

1. Mi esposo es mi mejor amigo.
2. Me gusta mi esposo como persona.
3. El matrimonio es un compromiso a largo plazo.
4. El matrimonio es sagrado.
5. Coincidimos en metas y objetivos.
6. Mi esposo se ha vuelto más interesante.
7. Quiero que la relación tenga éxito.
8. Nos divertimos juntos.
9. Coincidimos en una filosofía de la vida.
10. Coincidimos en cuándo y con qué frecuencia demostrarnos afecto.
11. Un matrimonio duradero es importante para la estabilidad social.
12. Tenemos un estimulante intercambio de ideas.
13. Discutimos con calma.
14. Coincidimos sobre la vida sexual.
15. Me siento orgullosa de los logros de mi esposo.

Este fue el resultado de una encuesta a 351 parejas con 15 años de casados como mínimo. De todas, 300 afirmaban que su matrimonio era feliz; 19 que no lo era, pero que seguían unidos por diversas razones, principalmente "por el bien de los hijos"; y en 32 parejas uno de los cónyuges se declaraba feliz, mientras el otro no.

Esas parejas respondieron a un cuestionario para descubrir cuáles eran las razones que ellos creían que propiciaban la perdurabilidad de su propia unión conyugal. Las razones que dieron están ordenadas según la frecuencia y la importancia concedida a las respuestas. Nótese que en los siete primeros conceptos existe coincidencia entre hombres y mujeres.

Tomado de Jeanette y Robert Lauer, "Matrimonios duraderos", 'Psychology Today'

»Pero ahora... Poco a poco, a lo largo de los años, nos hemos ido distanciando sentimentalmente; hemos anestesiado nuestro afecto y cada cual se encierra en sí mismo. No tenemos casi nada de que hablar. He llegado incluso a pensar que no siento nada por este hombre a quien una vez adoré. Y tengo la impresión de que a él le pasa lo mismo que a mí.

»¿Qué nos ha pasado? Nada espectacular o dramático. Él se ocupó de su carrera y yo de nuestro hogar, los hijos y mi trabajo fuera de casa. Estábamos tan ocupados en nuestros mundos separados que *ni nos dimos cuenta* de que íbamos dejando de ser amigos. Había signos reveladores, pero *no supimos interpretarlos* correctamente. Cuando regresábamos a casa después del trabajo, cenábamos juntos y conversábamos cortésmente de asuntos superficiales. Después de eso, él se dedicaba en cuerpo y alma a la restauración de una antigualla automovilística que consideraba de valor histórico; otras veces se refugiaba en su despacho de casa y no salía en horas, o bien se sentaba a ver la televisión. Esa actitud de mantenerme fuera de su vida me llenó de resentimiento. Cuando Juan trataba de involucrarme en sus actividades, yo rehusaba por puro despecho. Así que **se cortó la comunicación.**

»Aquella pareja que antes no encontraba suficientes horas en el día para hablar de todo, dejó de existir... Recuerdo que nuestros amigos solían gastarnos bromas, porque estábamos tan absortos en nuestras conversaciones, que a menudo no nos enterábamos de nada de lo que ocurría o se decía a nuestro alrededor.

»Pero todo eso parece haber sucedido hace mucho. Ahora seguimos juntos por los niños. Nos hemos resignado a vivir de ese modo. Me imagino que hay muchos matrimonios como el nuestro, pero...

»Además, nos hemos acostumbrado a vivir así desde hace tantos años, que nos resultaría difícil sincerarnos y expresar lo que sentimos. Dudo que yo pudiera hacerlo de

modo que Juan no se sintiera incómodo y su posición personal amenazada. Nuestra relación mutua no es nada grata, pero es predecible, y en nuestra desdicha encontramos una sensación de seguridad.

»La verdadera barrera que existe entre nosotros, no es la incapacidad de comunicarnos, porque todavía lo hacemos, aunque de forma muy parcial; pero lo cierto es que cuando nos hablamos no se advierte verdadero interés. Actuamos como dos auténticos extraños. Hemos perdido la capacidad de **ver las cosas desde el punto de vista del otro.»**

Casados... pero amigos

La mayor parte de los matrimonios son lo que podría llamarse **"funcionales"** porque los cónyuges desempeñan los deberes de proveedor, educador, padre o madre, compañero sexual y cocinera.

Pero la mera relación funcional no resulta totalmente satisfactoria, porque no es completa.

¿Qué es lo que transforma la relación funcional en una relación realmente satisfactoria?

Es **la intimidad**, una relación de auténtica y profunda amistad.

Lo más importante es la amistad

La revista *Psychology Today* [Psicología hoy] realizó una encuesta en la que se intentaba descubrir las razones que determinan que un matrimonio perdure.

Como vemos en la página precedente, tanto los hombres como las mujeres, daban como primera razón de la perdurabilidad y el éxito de su matrimonio, que su respectivo cónyuge era su mejor amigo.

Fijémonos en que todas las razones incluyen **solidaridad** (compartir), **intimidad y unidad**.

Sin embargo cuando en nuestra encuesta (ver nota pág. 21) preguntamos a los participantes si querían lograr una relación íntima con sus cónyuges,

- el **52%** de las *esposas* contestó «*Sí, por supuesto*», mientras que solo **37%** de los *maridos* lo deseaba de modo tan categórico;

- un **16%** del número total de encuestados contestó que la intimidad resultaba **imposible** debido a los numerosos enfrentamientos que tenían;

- solamente el **63%** de ambos sexos dijo que consideraba a su cónyuge como su **mejor amigo(a);**

- un porcentaje apreciable, el **37%,** no estaban seguros, o simplemente **no eran amigos** íntimos de sus respectivos cónyuges.

Algunos cónyuges se dan cuenta de que no conocen bien a su pareja, y a muchos otros hay que hacerles ver esta realidad.

Se entiende que siempre existirán numerosas diferencias entre los varones y las féminas.

Pero a pesar de diferentes respuestas y reacciones ante las diversas situaciones existenciales, los vínculos íntimos de confianza, lealtad, sinceridad e intimidad pueden convertirse en la norma.

La intimidad

Al oír 'intimidad', la mayor parte de la gente enseguida piensa en las relaciones sexuales.

Pero la **'intimidad'** de la que estamos hablando en este libro, abarca *mucho más* que el contacto físico, incluido el genital.

Definición de intimidad

'Intimidad' deriva del vocablo latino *intimus,* que significa **'lo más interior',** y alude a un estado de **confidencialidad** y a una **relación personal profunda.**

Es la unión de un hombre y una mujer que *se preocupan* de sus necesidades mutuas *y las satisfacen.*

Es la experiencia de **comprender y ser comprendido** por alguien que nos ama.

Y el **matrimonio** ofrece el marco idóneo para la realización de esta experiencia.

Amistad y amor

En un estudio se pidió a los participantes que eligieran, de entre los componentes que siguen, a cuál atribuían mayor importancia para el éxito en el matrimonio:

- ✔ satisfacción sexual,

- ✔ amistad (compañerismo),

- ✔ seguridad y bienestar desde el punto de vista económico y material,

- ✔ tener hijos,

- ✔ contar con alguien que nos ayude a resolver los problemas.

Tanto varones como mujeres eligieron la **amistad** y el **compañerismo** como lo más importante.

Nuestra encuesta nos proporcionó resultados similares. Hombres y mujeres identificaron **afinidad sentimental** como el aspecto fundamental de la intimidad. Es decir, que lo primero era una emotividad en sintonía. Sin embargo,

- **cuatro** veces **más** *hombres* que mujeres eligieron como respuesta "Relaciones sexuales mutuamente satisfactorias", pero

- **dos** veces **más** *mujeres* que hombres eligieron "Compartir los sentimientos más íntimos".

Numerosos estudios demuestran que la **amistad** y el compañerismo, junto con la **afinidad** emotiva y sentimental, son los **ingredientes** *básicos* de una satisfactoria relación de *genuina* intimidad.

La satisfacción sexual, en la inmensa mayoría de las parejas de éxito, ocupa siempre un lugar bastante importante, pero no es lo primero, y mucho menos lo único.

«Para tener amigos hay que mostrarse amigo»
(Proverbios de Salomón 18: 24)

Un verdadero amigo...

- **Busca lo mejor** en la otra persona, y, aunque no ignora sus defectos, **la acepta** tal como es sin reservas ni reproches; y **le demuestra su afecto** explícitamente.

- Manifiesta **interés solícito** por la otra persona, concediéndole el **lugar preferente** en su vida, y procurando, **por encima de todo, incluida la suya, la felicidad de ella.**

- Es la persona con quien **se pueden compartir** nuestros puntos fuertes, y también las debilidades; las esperanzas y los temores; las aflicciones y las aficiones; con la convicción de que en todo momento y circunstancia **seremos comprendidos, aceptados y recibiremos su solidaridad y apoyo.**

- Siempre **escucha atentamente** e intenta **captar nuestros mensajes** sin distorsionarlos.

- Está dispuesto a **perdonar prontamente**, respetando siempre **la dignidad y los sentimientos e ideas** de su amigo o amiga.

- **Nunca humilla** a la otra parte.

«Un amigo es alguien en quien uno puede derramar todo el contenido del corazón, paja y grano juntos; sabiendo que una mano muy tierna lo tomará y cernirá, para conservar lo que es digno de guardarse, y que, con el soplo de la bondad, hará que vuele el resto.»

Antiguo proverbio inglés

Monotonía y hastío

Los que llevan **casados poco tiempo** indican que sus relaciones interpersonales incluyen:

- **diálogos** frecuentes, que resultan **interesantes** para ambos;

- **sentimientos y emociones compartidos** a diario, o muy a menudo;

- análisis y discusión de **ideas nuevas y planes** para el futuro, con relativa frecuencia.

Cuando llegan los hijos, la situación varía de forma notable, al intensificarse la complejidad de la relación.

Así que en la relación de conyugal aparece el fantasma de la **monotonía,** como fruto de una repetitiva **rutina;** y, en consecuencia se experimenta **aburrimiento o hastío.**

Y estos síntomas en una relación de pareja, suponen una **advertencia** temprana de que no todo anda como debiera.

El mejor antídoto

Para evitar que la monotonía y el aburrimiento socaven la vitalidad de una buena relación de pareja, el antídoto es conseguir una intimidad satisfactoria.

La intimidad no surge fácilmente, debido a la propia **naturaleza** básicamente **egoísta de *todos*** los seres humanos.

Nuestra encuesta demostró que solo el **26%** de los encuestados de ambos sexos consideraba que en su matrimonio gozaban de **suficiente intimidad.**

La intimidad es fruto del **tiempo,** y del **esfuerzo,** dedicados por una pareja que desea permanecer unida toda la vida.

Y lo mejor de todo es que, la novela o la película de amor más romántica y apasionante, se queda corta ante aquello que, una pareja que ha alcanzado la verdadera intimidad, logra experimentar.

Los cuatro pilares de la intimidad

Resulta engañosa, aunque se repita con frecuencia, la afirmación de que dos jóvenes que se acaban de conocer han llegado a una relación íntima.

Cuando aquí hablamos de intimidad nos estamos refiriendo a algo más profundo: a la intimidad de los **afectos**, de los **sentimientos,** e incluso de los propios **pensamientos** más personales.

Una relación íntima es aquella en la que la **sinceridad** y la **confianza** son evidentes, y se manifiestan en una atmósfera en la cual ninguna de las dos partes teme que se tergiversen, ridiculicen o se aireen sus pensamientos, sentimientos y preocupaciones.

Por lo tanto, conviene que advirtamos que este tipo de intimidad se desarrolla a lo largo de varias etapas. **No se improvisa,** ni se puede conseguir de la noche a la mañana.

Cuando conocemos a alguien por primera vez, pasamos de la etapa de persona desconocida a conocida. De este nivel básico podemos pasar a la amistad, que, si se cultiva, se irá haciendo cada vez más estrecha.

A partir de ahí es posible alcanzar la intimidad, que a nuestro juicio se sustenta en cuatro pilares fundamentales.

1. Confianza

La confianza propicia una atmósfera de **libertad**.

Ninguno de los dos integrantes de la pareja teme que pueda sufrir recriminación, ni crítica, ni coerción, por parte del otro.

Ninguno de los dos se siente cohibido para exteriorizar pensamientos y sentimientos ocultos ante el otro, ya que tiene la seguridad de que le serán aceptados sin reproches.

La **lealtad** y el **respeto** son el fundamento de la confianza.

El **85%** de quienes respondieron a la encuesta que realizamos afirmaba que **confiaban** en su cónyuge **siempre o la mayoría** de las veces. El 15% restante indicó diversos grados de reserva o desconfianza.

Si usted, querida lectora o querido lector, tiene tendencia a desconfiar, vale la pena que realice un decidido esfuerzo para lograr la máxima confianza, una **confianza global y permanente.**

Hay que estar dispuesto a avanzar sin prisas... pero sin pausas, y con un propósito definido. El paso de la desconfianza a la confianza tiene que ser necesariamente **lento y gradual.**

Se requiere tiempo para construir una relación basada en la confianza. Si la confianza se ha visto mermada, o incluso ha quedado completamente rota, por las mentiras o el engaño, eso requerirá todavía más dedicación y empeño.

2. Sinceridad

La sinceridad significa que ambos cónyuges sientan que cada cual puede, y debe, **ser él mismo** sin pretender ser, o parecer, otra persona "mejor".

Los cónyuges que son amigos íntimos, comparten los aspectos agradables, tanto como los desagradables, de sus respectivas personalidades.

John Powell ofrece esta interesante reflexión sobre la sinceridad en la pareja:

Cuatro pasos hacia la intimidad

La verdadera intimidad no se improvisa. A menudo se confunde con la intimidad puramente sexual o física, que puede ser más rápida. La intimidad que involucra los sentimientos, los afectos y los pensamientos, requiere de diversos factores que permitirán que surja, se desarrolle y se mantenga.

1
CONFIANZA

La confianza se va adquiriendo poco a poco. Es una planta bastante delicada, que hay que regar; pero que cuando crece produce un gran bienestar. La **lealtad** y el **respeto** son el **fundamento de la confianza.**

2
SINCERIDAD

Lo oculto tarde o temprano **se acaba descubriendo,** y puede que dañe. Es posible que algo no resulte agradable; pero siempre es preferible la nobleza al engaño, sin olvidar que **sinceridad no significa brutalidad.** Sus sentimientos, uno puede, y debe, expresarlos **sin reservas,** pero siempre **con respeto y cariño.**

3
LIBERTAD

La confianza mutua genera un ambiente de libertad. Nadie puede ser dueño y señor de nadie. Cada cual debe gozar de suficientes posibilidades para **desarrollar su propia individualidad** libre de presiones.

4
TIEMPO

No existe la "intimidad instantánea". La aceptación y la confianza requieren tiempo, a veces mucho tiempo, y la máxima sinceridad. Afortunadamente **el tiempo es un gran aliado** en la formación de los afectos, así como **en la revalorización del amor** en toda pareja bien predispuesta.

La verdadera intimidad sentimental es una experiencia no demasiado común; pero, cuando se alcanza, es garantía de auténtica y duradera felicidad.

La intimidad no se consigue en una noche. Se desarrolla a lo largo de un periodo de tiempo durante el que los dos miembros de la pareja se relacionan en una atmósfera de atención y calidez.

«Si entre dos personas tiene que crecer y madurar la amistad y el amor humano, es necesario que se produzca una **exteriorización sincera y sin reservas** [de lo que cada cual piensa y siente]. Esta exteriorización de uno mismo puede lograrse únicamente por medio de lo que se ha dado en llamar **"vaciarse del todo".** No existe otro modo de hacerlo, y todas las razones que podamos añadir para racionalizar nuestros encubrimientos y falta de sinceridad deben considerarse engaños. Es mucho mejor para mí decirle [a mi cónyuge] lo que realmente siento en cuanto a su persona, que sufrir la tensión de querer mantener la imagen de una relación fingida.

»"Aunque tenga que decirte que no te admiro o que no te amo desde el punto de vista sentimental, eso siempre será mucho mejor que procurar engañarte y tener que pagar el precio final de todos los engaños semejantes, con mayores heridas para ti y para mí. Y tú, por tu parte, a veces tendrás que decirme cosas que te resultará difícil compartir. Pero en realidad no tienes otra alternativa, y si quiero gozar de tu amistad, tengo que estar listo para **aceptarte tal como eres.**"

»Cualquiera que inicie una relación conyugal sin esta determinación de confianza y sinceridad mutuas, no puede alcanzar una verdadera relación afectiva. En cambio, lo único que podrá llegar a haber será una mera relación de **sujeto a objeto,** caracterizada por inmaduras discusiones sobre insignificancias y acusaciones mutuas, enojo y resentimiento, lágrimas y dolor, celos y desconfianza.»

En una relación íntima positiva cada cónyuge debe tener la plena sensación de que sus sentimientos y sus emociones, así como sus pensamientos e ideas, **son importantes,** y que se les está dando **la máxima consideración.**

Con ello queda establecido el fundamento del indispensable respeto mutuo.

3. Libertad

Incluso en una relación de intimidad, ninguno de los participantes se posee recíprocamente.

Cada uno goza de libertad de cambiar de rumbo por su propia cuenta.

Es preciso que permitamos, y fomentemos, **la individualidad** sin reticencias, y por supuesto, sin recriminaciones.

Puesto que la lealtad, la sinceridad y la confianza caracterizan la relación, resulta **innecesario** ser **exigente o sospechar.**

Cada cual individualmente puede **desarrollar** sus gustos y peculiaridades personales, sus talentos y capacidad; **sin presiones** por parte del otro cónyuge **para que se conforme** a sus gustos o creencias.

4. Tiempo

Numerosas parejas me dicen que lo suyo fue amor a primera vista.

Creo en la atracción repentina, cuando los componentes químicos del organismo se encienden en una gigantesca explosión, que los interesados suelen denominar "amor".

En estos casos, algunos pueden llegar a la conclusión de que el matrimonio resulta "inevitable".

Pero, insistimos, **no existe la "intimidad instantánea".**

Se requiere bastante tiempo para que la confianza, la aceptación, la lealtad y la sinceridad echen raíces y se desarrollen.

Nadie puede alcanzar intimidad **sin pagar** un costo personal. A veces ese precio debe medirse en términos de sacrificios, e incluso de dolor. Pero los beneficios los compensan con creces.

La plenitud de la intimidad

La plenitud de la intimidad se alcanza únicamente cuando se logra en los ámbitos sentimental, físico, social y espiritual, los cuales constituyen y sustentan a la "persona total".

Sentimientos, pensamientos y afectos

La intimidad comienza realmente cuando un hombre y una mujer sienten que sus afinidades emocionales y sentimentales, son cada vez mayores, tanto en lo que respecta a creencias e ideas, como en su forma de abordar las tareas cotidianas normales y rutinarias.

Sin embargo, en una pareja que había prometido unir sus vidas separadas en una sola, en muchos casos, y al poco tiempo, vemos como cada uno de sus componentes se encuentra yendo por caminos divergentes.

Algo sin importancia

Cuando se preguntó a un caballero qué tal se comunicaban en su hogar, replicó:

–¿De qué comunicación me habla? No existe comunicación entre nosotros. Ella tiene muy poco de que hablar, fuera de la casa, las amigas y los hijos. Y a mí eso no es lo que más me interesa.

Pero eso es precisamente lo que desarrolla la intimidad.

La intimidad no se produce por vivir a la par una crisis emocional dramática, sino por **compartir las cosas pequeñas** que no tienen importancia para nadie más que nosotros mismos.

¿Por qué la mayoría de las parejas no alcanzan en su matrimonio un nivel de intimidad satisfactorio?

Pues, porque los cónyuges manifiestan poco **interés por las vivencias cotidianas y comunes** de su pareja.

Y entonces, resulta francamente difícil que se pueda producir entre ambos un diálogo sin reservas, donde se expongan los **sentimientos y pensamientos** más personales y recónditos.

La capacidad de hablar con el cónyuge acerca de lo que uno siente y experimenta allá en lo profundo de su interior, se origina y acrecienta merced a una relación sincera, que permite conversar sobre las trivialidades cotidianas, que complacen o molestan, que alegran o entristecen; sabiendo que quien está escuchando lo hace con solícita preocupación y verdadero interés.

Lo **común y corriente** de la vida incluye lo que se dijo y se hizo, los éxitos y fracasos de los hijos, preocupaciones sobre la salud de un familiar, lo que sucede en la oficina o el taller... Y un sinfín de cuestiones.

Este **intercambio de información** conduce a la **participación** en las vivencias del cónyuge, y a sentir que tenemos a nuestro lado alguien que realmente nos escucha, nos comprende y está **en sintonía** con nosotros.

Semejante **armonía existencial a dúo** se desarrolla solo cuando se cuenta con la seguridad de una **aceptación si reservas;** es decir, cuando los cónyuges no temen ser recíprocamente criticados, lastimados, humillados o mal comprendidos.

Con toda mi alma... y todo mi cuerpo

Debido a la falta de comprensión adecuada de lo que es la verdadera intimidad, o cómo se puede conseguir, nuestra cultura occidental ha exaltado una **falsa intimidad,** la de la mera genitalidad.

Esa intimidad resulta tremendamente engañosa, porque es *incompleta,* pues deja de lado el aspecto psicoafectivo y espiritual, constituyentes inseparables de la persona humana.

La búsqueda de intimidad lleva a muchos a saltar de cama en cama; en un vano intento por encontrar afecto sincero e interés y cuidado solícitos.

Se sacrifica la dignidad personal, y se pone en riesgo la unidad de la familia, por la oportunidad de sentirse estrechado en los brazos de otra persona durante un contacto sexual extraconyugal.

Cuando los participantes se separan, se sienten peor que antes, y tan desesperadamente solos que no encuentran otra salida que seguir a vueltas con lo mismo.

Por otro lado, la gente a menudo recurre a este tipo de relaciones porque le tiene **miedo a la intimidad.**

Resulta **más fácil desnudar** el cuerpo y compartirlo, **que ofrecerse uno mismo** como persona. Siempre es más fácil enseñar la fachada, que invitar a la otra parte a que entre hasta la cocina.

El cuerpo a menudo se usa como **sustitutivo** de la personalidad y el carácter, lo cual convierte en casi imposible la consecución de la auténtica intimidad.

En las relaciones en las que se ha descuidado la intimidad sentimental y afectiva, el **sexo** termina por convertirse en una **actividad rutinaria,** insípida, aburrida, o incluso inexistente.

Una **relación superficial** involucra escasa intimidad, de modo que se usa la genitalidad principalmente para **liberar tensiones,** demostrar **suficiencia,** o crear un **espejismo** de intimidad.

Pero la soledad persigue a los buscadores de placeres "fáciles".

La dimensión física de una relación, con ser importante y necesaria, no basta, por sí misma, para mantenerla vibrante, por bellos y lozanos que se conserven los cuerpos.

La sexualidad intensa perdurará toda la vida, únicamente en la medida en que los cónyuges continúen **compartiendo** y explorando sus **sentimientos y pensamientos** más profundos.

La plenitud de la intimidad no es una experiencia excesivamente común. Ahora bien aquellos que la consiguen disfrutan de un gozo, una alegría, y una dicha, que tan solo

La intimidad es el producto resultante del tiempo y el esfuerzo consagrados por una pareja de personas que desean seguir mutuamente enamoradas de por vida. Cuando la pareja accede a la verdadera intimidad, su matrimonio llega a ser la relación más interesante y significativa sobre la faz de la tierra.

quienes la han experimentado pueden imaginarla.

En todo lo que me complace

La intimidad comprende **compartir intereses y aficiones** mutuos.

Algunos cónyuges mantienen intereses muy diferentes, de modo que es preciso que construyan un **puente** capaz de franquear el abismo de su separación. Pero muchos nunca aprenden cómo construirlo, de modo que siguen por caminos separados en su mundo desprovisto de los intereses y la participación de su cónyuge.

A Antonio le encantan los deportes. Practica *footing* (trote) cada día y tenis un par de veces por semana. Casi todos los fines de semana juega al fútbol. Y, por supuesto, procura no perderse ninguna de las retransmisiones deportivas que ofrecen la radio y la televisión.

Este gran deportista espera en todo momento que su esposa sea comprensiva, y que no le haga ningún reproche, por el tiempo que él dedica a los deportes.

Margarita, la esposa de Antonio, disfruta con el deporte, aunque tiene sus propios gustos y aficiones. Acompaña de buen grado a su marido a todos los partidos. Ha tenido que hacer un esfuerzo, pero ahora incluso puede discutir de tácticas futbolísticas.

119

El triángulo perfecto

Todo hogar asentado sobre la fe en la divina Providencia, podrá gozar de la armonía que se manifiesta en un respeto mutuo constante, así como de la seguridad que da saberse aliado de quien dirige los destinos de toda la creación. Además la esperanza en una vida plena y mejor, en la que todo creyente confía, proporciona estabilidad individual y familiar.

Margarita asiste de vez en cuando a un concierto, a una función de ballet, o a alguna representación de teatro clásico.

¿La acompaña Antonio alguna vez como compensación a la inversión de tiempo y energía que ella dedica al deporte?

Por nada del mundo.

Él siempre dice, con marcado énfasis machista:

—A mí todo eso no me interesa para nada. Es cosa de mujeres o de...

Su negativa a compartir los intereses de su esposa ha llegado a provocar resentimiento en ella, lo cual constituye una grave amenaza para su intimidad conyugal.

Compartir experiencias, aprender acerca de los **intereses del cónyuge,** y pasar **tiempo juntos** en tareas absorbentes, promueve el conocimiento mutuo y una solícita preocupación por el cónyuge.

Las parejas que anhelan tener una relación íntima deben unir sus vidas dedicando juntos una parte de su tiempo libre a **intereses mutuos y comunes.**

En lo más profundo de mi ser

Observe, en el triángulo que aparece en la página anterior, que en la medida en que los esposos se van acercando al Creador, se van aproximando el uno al otro.

Una pareja que desea una **intimidad sin reservas** en su matrimonio, debe aspirar asimismo a la **intimidad espiritual.** Sin ella es realmente difícil alcanzar intimidad sentimental, o incluso física, de modo completo. El cultivo de la espiritualidad pone a nuestro alcance aquella poderosa **energía superior,** la cual tiene necesariamente que venir de fuera del ser humano, y que, claro, resulta imposible que la reciban quienes ignoran u olvidan su propia **dimensión religiosa**.

La intimidad espiritual se fomenta al compartir en común **la fe**, asistiendo la familia unida a los servicios de culto; y especialmente **orando juntos** a la hora de las comidas, al acostarse, o en cualquier otra circunstancia que se considere conveniente.

Al **orar** por las preocupaciones y anhelos de alguien, los suyos pasan a ser los míos propios. Así cada cónyuge se identifica al máximo con todo aquello que es verdaderamente importante y trascendental para su pareja, lo cual acrecienta de forma muy notable la intimidad.

Compartir los sentimientos religiosos, que son algo profundamente enraizado en todo ser humano, es **compartir lo más recóndito de uno mismo.**

Cuando se bucea en lo profundo de alguien que se considera agnóstico, o ateo incluso, afloran inevitablemente dudas y temores existenciales de gran calado, que estamos convencidos de que únicamente el genuino cristianismo puede resolver satisfactoriamente.

Mi propia experiencia espiritual

Si Harry, mi marido, y yo, no hubiéramos compartido la misma fe, seguro que haría ya años que hubiésemos roto.

A poco de casados se nos presentaron problemas mucho mayores de lo que jamás hubiéramos supuesto.

Éramos jóvenes, y la verdad es que no estábamos preparados para la vida conyugal.

Cuando llegaron las dificultades, y los inevitables enfrentamientos, tratamos de resolverlos por nuestra propia cuenta; pero no lo conseguimos.

Nuestros tres hijos llegaron antes de lo que esperábamos, y en rápida sucesión. Como disponíamos de escasos recursos económicos, pasamos por bastantes dificultades. Pero nunca dejamos de ir los cinco juntos a la iglesia, y de practicar a diario la oración y la meditación en nuestro hogar.

A pesar de todo, las cosas empeoraron en nuestra vida conyugal.

Si no hubiera sido por nuestra fe, habríamos renunciado a nuestro matrimonio, pensando que no valía la pena salvar lo que teníamos, y que era mejor separarnos antes que seguir atormentándonos mutuamente.

Llegados a ese punto, pasé por una experiencia de reavivamiento, que transformó definitivamente mi vida. Experimenté una auténtica metamorfosis espiritual, y nuestro matrimonio se revitalizó.

Con el tiempo mi esposo Harry también sufrió un cambio. Así que, en los momentos críticos, fue en realidad el vínculo espiritual lo que nos mantuvo unidos.

La intimidad femenina... y la masculina

Los varones y las mujeres tienen necesidades de intimidad muy diferentes, por lo que es importante comprender cuáles son esas discrepancias.

"Quiero entrar en tu mundo..."

Laura ejerce la abogacía. Adolfo, su marido, es profesor de matemáticas. Ambos andan siempre tremendamente ocupados.

Cuando Laura regresa a casa por la noche, quiere contarle a Adolfo todo lo que le ha acontecido durante el día. Pero a él no le interesan los argumentos presentados por los abogados ante los tribunales, y prefiere leer el periódico o ver la televisión antes que escuchar a su esposa.

Laura comentaba:

–Él me escucha, pero me da a entender con toda claridad que no le interesa lo que le cuento. Después de terminar de relatarle lo que he hecho, le pregunto cómo le ha ido a él. Generalmente contesta: «Como siempre». No me cuenta nada de su trabajo. Quiero que entre a formar parte de mi mundo y yo deseo participar del suyo...

Aquí intervienen varios factores:

En primer lugar, Adolfo tiene un **temperamento diferente** que el de Laura, por lo que no necesita, como ella, hablar de los acontecimientos cotidianos. En realidad preferiría no hablar nada, ya que el hecho de ser profesor le exige estar hablando casi todo el día. Cuando llega a su casa desea gozar del silencio para conseguir relajarse.

Diferente percepción de la intimidad

El doctor **Pierre Mornell,** autor de varios libros, hace notar que, la necesidad de tranquilidad y sosiego que siente el varón, tiene que ver con la fisiología cerebral.

El hemisferio cerebral izquierdo controla el habla y el pensamiento analítico. En cambio, el hemisferio derecho controla la percepción visual, que es más intuitiva. Ese lado izquierdo, que predomina en los sujetos masculinos, se sobrecarga cuando su dueño se dedica intensamente a tareas analíticas (ver pág. 74).

Cuando Laura requiere más atención por parte de su esposo, mientras ella le cuenta los detalles de su jornada laboral, es más de lo que él puede soportar.

Por eso el doctor Mornell recomienda que, después de un día de trabajo, se dedique tiempo a **relajarse,** con el propósito de dar lugar a los ajustes necesarios en el funcionamiento cerebral. Esto se puede lograr llevando a cabo actividades como leer el periódico, ver la televisión, practicar un juego, un *hobby* o una afición, escuchar música, hacer ejercicio, preparar la comida, poner la mesa, etcétera. Con media hora resulta suficiente. Después de eso se puede dedicar una mejor y más completa atención a la hora de escuchar al cónyuge.

Si no se consigue la necesaria relajación con lo indicado, habrá que aplicar alguna técnica adecuada para conseguirlo, incluso recurriendo al consejo profesional.*

El psicólogo **James Lynch** observa que, cuando hablamos, la presión sanguínea sube. Por eso a Adolfo es lógico que le haya aumentado después de haber tenido que estar hablando en clase todo el día, y eso puede inducirlo a buscar paz y tranquilidad.

Una investigación reveló que la intimidad es un recurso poderoso para los hombres, que les permite resistir la tensión, y que influye poderosamente en su salud.

Los *varones* tienden a considerar la intimidad en términos de **compartir una actividad** con una mujer: cenar juntos, pasear por la playa, asistir a un concierto, visitar un museo.

En algunos casos, aunque los cónyuges dialogan en un determinado nivel de intimidad, dicho nivel resulta diferente para cada uno.

Las *mujeres,* en cambio, sienten proximidad emocional auténtica mientras **comparten** sus **sentimientos** y hablan acerca

---

* En la obra de esta misma serie NUEVO ESTILO DE VIDA, ¡Sin estrés!, del doctor Julián Melgosa, se expone la técnica de **Relajación Muscular Progresiva,** incluso acompañada de una grabación en cinta casete, para su aplicación práctica. De modo que usted, en veinte minutos, pueda conseguir una auténtica relajación, y una recuperación completa de su energía física y mental (ver págs 128-129).

La intimidad se edifica sobre la capacidad para hablar de las experiencias cotidianas. El intercambio de información favorece un enriquecimiento de la vida del otro así como la sensación de ser escuchado y comprendido.

de diversas situaciones relacionadas con lo vivido **en pareja.**

Pero el hombre puede sentir un vacío, o bien pensar que la relación conyugal no debe de andar bien, si tiene que seguir hablando de las cosas que suceden. Porque **el varón,** por lo general, piensa que **no se pierde demasiado** por no compartir los **secretos** y los **pensamientos** íntimos.

Si la esposa intenta **fortalecer** la relación dialogando acerca de un problema, tal vez el marido trate de esquivar esa conversación, porque considere que **debilita** la relación conyugal.

Cada cual ve la situación a través de un **filtro** que tiene sentido para él, pero ante el cual el otro reacciona de forma negativa.

"En realidad no me hace caso"

María comentó con Andrés una situación especialmente difícil que se le había presentado en el trabajo. Le explicó detalladamente lo que había sucedido y qué había dicho cada uno de los implicados en el caso. Pero Andrés la interrumpía con frecuencia con chanzas y observaciones ajenas al caso, lo cual ponía furiosa a su esposa.

Ante la actitud de su marido, María piensa que no le presta atención ni se interesa en lo que ella dice.

Pero, en realidad no es así.

Andrés está interesado en su aflicción, pero, debido a su manera de ser, responde con talante despreocupado.

La necesidad de intimidad manifestada por María, únicamente produjo distanciamiento afectivo.

Ella intenta restablecer la intimidad conversando y compartiendo secretos con Andrés, ya que es el único método que conoce. Pero Andrés responde a su modo: Dándole consejos para que resuelva sus problemas.

Cuanto más busca ella intimidad afectiva, hablando y exponiendo sus sentimientos, tanto más consejos recibe de él.

Como resultado, María se siente incomprendida y muy sola, y Andrés es incapaz de entender por qué no puede resolver ella su problema cuando precisamente él le está ofreciendo la solución.

Y así ambos, aunque por razones bien distintas, perciben la relación como frustrante y totalmente insatisfactoria.

La intimidad los intimida

Los varones necesitan la intimidad, porque si no fuera así no la buscarían; pero la encuentran personalmente intimidante.

Por eso, cuando la consiguen, suelen alejarse de ella. Y más tarde, cuando experimentan nuevamente la necesidad de intimidad, vuelven a buscarla.

Las mujeres no comprenden este **comportamiento cíclico**, porque cuando ellas logran tener intimidad, anhelan **conservarla.**

Muchas esposas, con frecuencia, culpan a sus maridos por el poco romanticismo y la falta de intimidad que existen en su matrimonio.

Sin embargo, suele ocurrir que ellas mismas son las que impiden la creación de las condiciones necesarias para que se produzca lo que anhelan.

Antes de culpar de nada a nuestra pareja, conviene analizar con cuidado su manera de ser.

¿Por qué se alejan los cónyuges?

La proximidad emocional es algo que numerosas parejas eluden.

¿Por qué algunas personas temen ser conocidas en su intimidad?

En nuestra encuesta (ver nota pág. 21) encontramos las siguientes razones:

- *Hombres:*
  1. **Temor de ser rechazados** por su cónyuge.
  2. **Recuerdos dolorosos** del pasado.
  3. **Problemas no resueltos** en el matrimonio.
  4. Estar **demasiado dolido** para intentarlo.

- *Mujeres:*
  1. **Temor de ser rechazadas** por su cónyuge.
  2. **Problemas no resueltos** en el matrimonio.
  3. Sentirse **demasiado herida** como para intentarlo.
  4. **Recuerdos dolorosos** del pasado.

"¿Por qué no se lo cuentas todo?"

Cuando se preguntó a un grupo de matrimonios por qué no se hacían más confidencias mutuas dentro de cada pareja, se obtuvieron las siguientes respuestas:

- El **10%** de los *varones* y un **14%** de las *mujeres* dijeron que ya estaban revelando a sus respectivos cónyuges todo lo que había dentro de sí mismos.

- El **8%** de ellos y un **4%** de ellas pensaban que eso **no era necesario.**

- Muchos no se sentían a gusto consigo mismos, o suficientemente seguros ante sus respectivos cónyuges, como para revelar su **'yo' íntimo.** No sabían cómo hacerlo o temían las consecuencias.

- Otras respuestas, que aparecieron en un porcentaje menor, fueron: temor de ser **rechazados,** o temor a que lo que exponían fuera usado **contra ellos,** e incluso a algunos dijeron que les resultaba demasiado **doloroso** hablar de ello.

La crítica engendra temor

Cada observación negativa aleja a nuestra pareja, y él o ella se ocultará detrás de cualquier máscara que pueda crear para escudarse de un cónyuge a quien considera un **adversario.**

Muchos ignoran la cantidad de **crítica, condenación e indiferencia** que acumulan diariamente sobre su compañero o compañera.

Algunas relaciones interpersonales presentan constantemente falta de aceptación, lo que hace casi imposible que puedan alcanzarse un buen nivel de intimidad.

Un marido decía:

—No puedo hablar con mi esposa de cómo me siento, porque lo único que hace es humillarme.

Mientras este caballero tenga que escuchar expresiones de rechazo y observe gestos de falta de aceptación, no tendrá oportunidad para la intimidad, y tampoco su esposa.

Pero puede suceder que ella, más tarde, se lamente: *«¡Mi esposo nunca comparte ni lo que piensa ni lo que siente conmigo!»*

Es **más fácil y seguro hacer** algo por el cónyuge, salir con él y darle cosas, **que revelarle nuestra intimidad** personal comunicándole sin reservas lo que uno piensa y siente, lo que **yo** opino sobre la relación conyugal, hablándole del pasado, del futuro y de los sueños personales.

Pero mientras usted que me está leyendo no pueda hacer eso con su cónyuge, realmente no le habrá dado nada, y no le habrá entregado **el don más valioso** de todos: No se habrá entregado usted a sí mismo.

Lo ideal sería tener una relación conyugal en la que pudiéramos compartir nuestros temores más profundos y nuestros mayores gozos con toda confianza, sabiendo que nuestro cónyuge no se mostrará indiferente, no nos criticará, ni rechazará nuestros sentimientos ni nuestras ideas.

Sin embargo, y por desgracia, esto no es demasiado frecuente.

Somos **seres imperfectos,** así que tarde o temprano, en mayor o menor medida, de un modo u otro, **todos defraudamos** a nuestro cónyuge, lo humillamos, interpretamos mal lo que dice o siente, o lo rechazamos inadvertidamente; o bien nuestro cónyuge nos hace víctimas de eso mismo.

Pero, a menos que continuemos arriesgándonos a revelar nuestros pensamientos y sentimientos personales, será imposible mantener una relación de auténtica intimidad

El conocimiento de uno mismo

El **'yo'**, en términos generales, es considerado como una parte determinante en la estructura del psiquismo humano, es decir en la constitución de la personalidad. Interviene en la relación del individuo con el mundo externo, y especialmente con las demás personas.

Nuestro **'yo'** posee cuatro componentes, como podemos ver en los diagramas que aparecen en las dos páginas siguientes:

- El **yo abierto** contiene los pensamientos y vivencias conocidos por uno mismo y por los demás.

- El **yo ciego** es el de los hábitos, formas de actuar y problemas emocionales, de los que uno mismo no se da cuenta, pero que los demás observan y conocen.

- El **yo desconocido** alberga lo que es inconsciente o subconsciente, que surge en nuestra conciencia únicamente en los sueños, o bien en momentos de somnolencia o de escasa consciencia del **yo**.

- El **yo oculto,** guarda todos nuestros pensamientos, experiencias y sentimientos secretos, que nunca compartimos con nadie.

La dinámica de nuestro 'yo'

Estos cuatro componentes de nuestro psiquismo, los pensamientos, los sentimientos

Cada uno de nosotros, nuestro 'yo', está constituido por cuatro "compartimentos".

Para una buena relación de pareja, lo ideal es que se expanda y amplíe el 'yo' abierto.

y las imágenes, no permanecen estáticos, sino que **cambian de forma constante.**

- **Todo** lo que nos sucede lo captamos a través del **yo oculto,** y desde ahí se elabora y manifiesta.

- Lo que **no** es considerado **importante** por nosotros es olvidado y almacenado en el **yo desconocido.**

- Lo que **recordamos,** pero que **no deseamos compartir,** se guarda con otras vivencias del **yo oculto.**

- Otras experiencias, que perpetúan pautas de **comportamiento y hábitos** de los que uno mismo **no es consciente,** van a parar al **yo ciego.**

- Lo que deseamos compartir se guarda en el **yo abierto.**

Es posible obtener vislumbres del contenido del *yo ciego* y del *yo oculto* y **trasladarlas** al **yo abierto,** con el fin de **compartirlas** con el cónyuge u otra persona.

El trasvase de información del *yo ciego* o el *yo oculto* al **yo abierto,** es lo que llamamos **autorrevelación.**

Quienes consiguen desarrollar esta capacidad son sinceros consigo mismos y con los demás.

En los diagramas de la página siguiente vemos que cuanto mayor sea el sector del **yo abierto** con una persona, tanto más probable es que haya **suficiente intimidad** con ella.

Pero si el sector del **yo oculto** es el más desarrollado, es menos probable que se tenga intimidad, a menos que se lleven a cabo modificaciones conscientes.

La manifestación del 'yo'

A pesar de los beneficios que supone desarrollar un **yo abierto,** no todos lo consiguen porque tienen miedo a ser **defraudados o rechazados,** o bien temen **perder** reputación, respeto o amigos.

Mi 'yo' frente a los demás

Con relación a un superior

Con relación a los amigos

En estos gráficos se puede ver el porcentaje promedio que cada cual suele revelar de sí mismo a los demás. Cuanta mayor sea la relación y la confianza que tengamos con alguien, más de nuestro 'yo' oculto alcanzará a conocer. Un buen psicólogo puede que descubra de nuestro 'yo' ciego incluso más que nuestro cónyuge.

Con relación al cónyuge

Con relación al consejero

Otros **temen conocerse** a sí mismos íntimamente, y se inhiben ante lo que intuyen o sospechan que podrían encontrar allá en lo más recóndito de su propia persona.

Si las faltas, los errores y las tendencias hacia lo negativo son conocidos por el yo, entonces se produce una **presión hacia el cambio,** y eso no le gusta a casi nadie, por lo que la mayoría prefiere mantener un **yo cerrado.**

La **cantidad** del **yo** que se revela a los demás **no es constante ni igual** en todo momento y con todo el mundo.

Se puede ser abierto en una situación o relación social determinada, pero reservado y cauteloso con el cónyuge.

La cantidad de yo que se exterioriza, también depende del temperamento, estado de ánimo y del tema tratado.

Como podemos comprobar en los diagramas de esta misma página, tendemos a revelar más de nuestro **yo** a nuestro cónyuge, a los miembros de la familia y a los amigos íntimos.

Si nuestro **yo ciego** es **demasiado grande,** los numerosos malos hábitos y deficiencias pueden resultar un lastre en nuestros

Por medio de la intimidad de la interacción diaria, nuestras actitudes y nuestros actos repercuten constantemente sobre nuestra pareja, tendiendo a fortalecerla o a debilitarla.

esfuerzos por conseguir relacionarnos satisfactoriamente con los demás. En cambio si es **demasiado pequeño,** no lograremos vernos a nosotros mismo tal como en realidad somos.

Por otra parte, usted, amable lector o lectora, puede autoanalizarse y reducir el *yo ciego* a nada y convertirse en una persona que conversa de forma tediosa y aburrida.

Si su *yo oculto* es excesivamente grande, usted se tornará una persona excesivamente reservada; en cambio, si es demasiado pequeño, nada que alguien comparta con usted estará seguro.

Dicho en pocas palabras, es necesario alcanzar **equilibrio** entre las distintas clases de *yo.*

En el **matrimonio,** lo ideal es que el *yo abierto* sea el más amplio, como hemos visto en el gráfico de la derecha de la página 126.

La autorrevelación

El aprendizaje de la autorrevelación pasa por tres etapas:

1. Hechos sin sentimientos

En esta etapa se intercambia información acerca del trabajo, los bienes materiales que poseemos, los amigos, una afición o algún incidente interesante.

Debido a barreras emocionales cuidadosamente construidas, usted se atiene estrictamente a los hechos. **No revela senti-**

mientos ni opiniones personales, de modo que lo emocional no se aborda.

2. Sentimientos pasados o futuros

Se va más allá de los hechos, y se incluyen pensamientos, sentimientos y necesidades relacionados con cualquier tema que se esté abordando.

Por ejemplo: gustos, creencias e ideas personales, música predilecta, objetivos para el futuro, o bien algo que nos entristeció.

Se le dice a la otra persona **cómo se siente uno** en relación con cada asunto.

Sin embargo, las experiencias o asuntos revelados, tienen que ver únicamente con el pasado o con el futuro.

El análisis de lo que uno está sintiendo y pensando, supone demasiados riesgos en el momento y circunstancias presentes.

3. Sentimientos presentes

La **autorrevelación** tiene que ver con la forma de pensar de cada cual, lo que siente y sus necesidades actuales.

Supone correr el riesgo de revelar la forma como el comportamiento de mi cónyuge me está afectando *a mí* en este preciso momento; si mis sentimientos y emociones son positivos o negativos.

Cuando se puede revelar una cantidad adecuada y suficiente, de sentimientos y emociones actuales, se alcanza una auténtica autorrevelación.

Límites de la autorrevelación

*¿Es posible **excederse en lo bueno**?*

Por supuesto.

Alguien puede decir a su cónyuge: *«Estoy harto de vivir contigo y tus defectos. ¡Hace años que dejé de quererte!»*

Podría suponerse que esto es autorrevelación sin reservas.

Pero sería mejor darle el nombre de "asesinato verbal".

La franqueza total que ignora los sentimientos del otro, resulta cruel. Es más prudente callarse ciertas cosas, en beneficio de la relación.

Existe una frontera muy sutil entre la comunicación sincera y sin reservas, y la conversación destructiva.

Para mantener la intimidad no es necesario dar **expresión a *todo* pensamiento negativo** que uno conciba.

El psiquiatra **Henry Spitz** escribe: *«Algunas de las cosas más demoledoras que he oído venían a continuación de un "Voy a decírtelo con toda sinceridad".»*

La sinceridad que no **tiene en cuenta los sentimientos** del cónyuge, es ***crueldad***.

El valor de lo que nos callamos

En un estudio publicado en la revista *The Family Coordinator* (El coordinador de la familia) se preguntaba a las parejas:

«*¿Tiene su cónyuge tendencia a decir cosas que habría sido mejor que se hubiese callado?*»

Los componentes de los matrimonios con problemas prácticamente todos respondieron de forma afirmativa.

No podemos despedazarnos mutuamente y esperar que el amor permanezca intacto.

Hay asuntos sobre los que, por el bien de la relación conyugal, **lo mejor es callar.**

Entonces, ¿*cuánto* debiera revelarse al cónyuge?

Esta es una pregunta clave, por ejemplo, para los que se casan en **segundas nupcias.**

Los **detalles íntimos** de un matrimonio anterior es mejor dejarlos **sepultados** con el pasado.

Revelar demasiado puede despertar inseguridad, dudas o comparaciones, en un cónyuge que hasta entonces se había mostrado seguro y confiado.

Las **confesiones sexuales** debieran hacerse antes de la boda, o callárselas para siempre.

No queremos decir con esto que sea necesario revelar cada encuentro sexual que se haya tenido antes del matrimonio. La confesión debe hacerse con honradez, pero, mencionar detalles confidenciales, no cumple ningún propósito útil, y hasta puede resultar altamente perjudicial.

Antes de exigir una revelación total a su cónyuge, o antes de hacerla usted, es necesario que se haga con toda sinceridad y seriedad estas preguntas esclarecedoras:

✔ *¿Necesito realmente (o lo necesita mi cónyuge) saberlo?*

✔ *¿Qué efecto tendrá sobre nuestra relación si se lo digo?*

✔ *¿Por qué razón necesito comunicarle (o enterarme de) esa información?*

✔ *¿Será, la revelación sin reservas de ningún tipo, una ayuda o un estorbo en nuestra situación presente o futura?*

La intimidad y el tiempo

La intimidad no permanece constante, sino que se va modificando con el tiempo, y sufre **fluctuaciones.**

Las *mujeres* a veces tenemos una **idea errada de la continuidad** invariable de la intimidad, lo cual nos induce a exigir de modo irrazonable que nuestro cónyuge continúe autorrevelándose.

En cualquier pareja, con el transcurso del tiempo, puede iniciarse un mutuo alejamiento. Las exigencias del trabajo, los hijos, el hogar, los padres mayores y enfermos, los amigos,... nos absorben. Eso deja poco tiempo y energía para dedicarlo a estar juntos y conversar.

En tales circunstancias, algunos quizá lleguen a pensar que su matrimonio está acabado, pero los que tienen más experiencia saben que **la intimidad resurgirá.**

En esto **el tiempo juega a nuestro favor.**

No hay que desanimarse cuando la intimidad se encuentra en un nivel bajo. Pero es el momento de realizar los ajustes necesarios para **recuperarla.**

Para ello se puede intentar lo siguiente:

1. Aplicar el **sentido del humor.** El humor contribuye a estrechar los vínculos afectivos, porque supone la existencia de valores, intereses, mentalidad e imaginación similares.

   Si usted y su cónyuge no están riendo al unísono lo suficiente, ha llegado el momento de comenzar.

   El sabio Salomón ya lo decía: «*El corazón alegre* constituye **buen remedio**» (Proverbios 17: 22).

2. Dedicar, al menos, **una hora cada semana a la comunicación:** media hora para él y media para ella.

La verdadera intimidad implica proximidad, alegría y romanticismo, todo ello a la vez.

La esposa hablará sus treinta minutos sobre sí misma y sus necesidades. No debe
referirse a la falta de habilidad de su esposo para satisfacer las necesidades que
ella tiene. Debe limitarse estrictamente a
la **exposición** de estas y de sus temores,
así como a la **determinación** del lugar
que ella considera que debe ocupar dentro y fuera de la relación conyugal.

Mientras la esposa habla, el marido **no
puede interrumpirla** con ningún comentario. Luego le toca a él hablar acerca de sus propias necesidades, durante
treinta minutos, siguiendo **el mismo
plan** que la esposa.

Hay que aprovechar bien todo el tiempo,
pues los expertos han observado que la
gente normalmente hablamos con rapidez y de modo superficial durante los primeros quince minutos, y solo durante el
segundo cuarto de hora pasamos a un nivel más profundo y reflexivo.

3. Dedicar tiempo a **estudiar algo juntos:**
un buen libro sobre psicología práctica, o
sobre nutrición y dietética, o acerca de la
educación de los hijos, o de la naturaleza
(fauna, flora, ecología)... una o dos veces
por semana. Eso desarrollará **intereses
comunes** y proporcionará nuevos temas
de conversación.

4. Practicar **actividades lúdicas con el
cónyuge.** Dedíquense a cualquier actividad recreativa que les divierta de veras a
los dos. Después de reír un buen rato,
uno se relaja y le resulta muchos más fácil
compartir sus sentimientos y pensamientos íntimos acerca de las relaciones amorosas.

5. Crear una **nueva "tradición".** Debiera
ser algo que ambos puedan recordar y repetir cada año.

Conozco una pareja que, por ejemplo,
celebra la fecha en que asistieron a un
provechoso seminario sobre vida conyugal. Organizan una noche especial en la
que repasan sus anotaciones y textos, y
renuevan su compromiso matrimonial.

La verdadera intimidad consiste en una
fuerte y mantenida **proximidad,** en **goces
y decepciones** a dúo, **triunfos y fracasos** vividos solidariamente, en **sensibilidad**
compartida en sintonía, en **cariño y ternura** recíprocos.

Experimentar intimidad es tener una
aventura que mejora la vida.

Intentar vivir sin intimidad, a lo único que
conduce es a la desazón y el vacío.

En cambio, con ella, toda la vida adquiere
un **nuevo sentido.**

7

La intimidad sexual

UNA FRUSTRADA esposa escribió a una conocida consejera matrimonial, porque después de las relaciones íntimas, se sentía "utilizada". Le confesó que siempre se quedaba esperando que su marido le dijera palabras de amor y la abrazara con ternura...

«¿Cree usted que eso puede llegar a cambiar alguna vez?», preguntaba.

«Creo que sí –le respondió la psicóloga–. Pero eso depende de si usted es capaz de exponerle a él sus sentimientos y necesidades afectivas.»

La clave de la sexualidad

Varios estudios demuestran que **la comunicación** es la clave de una vida sexual satisfactoria.

La sexóloga **Alexandra Penney,** declara en uno de sus libros:

*«Por encima de cualquier otro factor, la comunicación es el **ingrediente vital,** crítico, decisivo e indispensable, en las relaciones sexuales. El concepto de 'comuni-*

La verdadera intimidad tiene que alcanzarse primero fuera de la alcoba, antes de poder lograrla dentro. La atracción mutua que dura toda la vida, surge de la intimidad, y no del dominio de las técnicas sexuales.

cación' se ha usado tanto y se ha explicado de manera tan repetitiva, que solo escuchar la palabra me da angustia. Pero eso no modifica el hecho de que uno de los principales problemas, en la mayor parte de sus relaciones interpersonales, sea la *incapacidad* de los cónyuges **para solicitar** lo que **desean o necesitan.»**

Espontáneo y natural

*¿Por qué somos tan **reticentes a hablar** sobre la sexualidad precisamente con **nuestro cónyuge**?*

Algunos creen que la intimidad sexual debiera ser **tan natural** como respirar, de modo que tendría que resultar **innecesario hablar** de ella.

Después de todo, piensan, algo tan natural como el sexo tiene que funcionar de forma espontánea, sin tener que hacer planes ni comentarios.

Esta creencia resultaría válida si en esta vida todo funcionara debidamente.

Pero **la normalidad completa no es la "norma",** ni en lo sexual ni en la mayor parte de los aspectos de la existencia.

"Pues tendría que haberse dado cuenta..."

Otros piensan que un buen cónyuge debiera ser lo suficientemente perspicaz como para **captar** y satisfacer los deseos de su pareja, **sin** necesidad de tener que **decírselo.**

Esta es **una de las peores trampas** en la que podemos caer.

–No quiero tener que decir a mi marido lo que me gusta o me apetece –nos decía una señora–. Llevamos doce años casados, y si no ha sido capaz de enterarse, no creo que vaya a conseguirlo nunca. Además, si tengo que decirle lo que tiene que hacer, no será lo mismo. Quiero que lo haga por amor y *espontáneamente,* no porque se lo haya pedido yo.

Ese marido va a seguir en la ignorancia en cuanto a las preferencias sexuales de su esposa, porque ella cree que él es capaz de **adivinarle el pensamiento.** Y si no acierta a descubrir exactamente lo que ella desea, lo acusará de no amarla y de ser un desconsiderado.

¡Y eso no es justo!

Lamentablemente, y a pesar de todo, hay personas que no creen que sea necesario dialogar acerca del sexo, o bien no se sienten a gusto practicándolo, o piensan que no es romántico tener que hablar "de eso".

Con reservas

Los participantes en nuestra encuesta sobre la comunicación (ver nota pág. 21) revelaron la misma renuencia a conversar francamente sobre el sexo:

- El **30%** de ambos sexos dijo que **podían dialogar** sobre sus relaciones íntimas con sus cónyuges.

- El **70%** restante no estaba seguro de poder hacerlo o **no lo hacía.**

- El **72%** contestó que deseaba que sus cónyuges hablaran con **más franqueza** sobre sus sentimientos y gustos sexuales.

Quienes no sean capaces de abrirse, y hablar sin reservas ni rodeos acerca de lo que les agrada y de lo que no les complace, de lo que quieren y de lo que no desean, serán candidatos a sentir frustración y resentimiento.

–Cuando no dedicamos tiempo a discutir nuestros problemas, me siento tensa e irritable. Pero después de haber conversado acerca de ellos, **me siento más cerca** de mi marido. Es como si me hubiera acariciado. Y luego siento deseos de tener relaciones sexuales con él –decía una dama que había aprendido el valor de la comunicación.

Por tanto, quienes deseen tener relaciones amorosas satisfactorias, tendrán que dar a conocer verbalmente a su cónyuge sus deseos y preferencias eróticas.

Intimidad completa

Un joven padre fue a la sala-cuna del hospital para ver a su hijo recién nacido. Después de una breve visita, la enfermera le preguntó si deseaba hablar con su esposa.

–¿Para qué?, si hace dos años que no nos hablamos –respondió bruscamente.

Qué triste es cuando una pareja el único contacto que mantiene es el sexual.

El hecho de emplear el sexo para aliviar tensiones significa que todavía un rescoldo de amor, o bien confirma que la masculinidad o la femineidad pueden crear un espejismo de intimidad, pero finalmente acabará en relaciones sexuales rutinarias y aburridas.

Amor y sexo

A menos que una relación se caracterice por la **franqueza,** la **confianza** y la **libertad,** el sexo no será expresión de amor genuino. La sexualidad se debe vivir sin reservas. La entrega mutua es vital.

Una pareja que busca irreflexivamente el contacto genital, al tiempo que está descuidando la intimidad psicoafectiva, puede pensar que, para salvar su matrimonio, lo que tienen que hacer es aprender y practicar nuevas técnicas sexuales.

Sin embargo, en tales casos, incluso las técnicas eróticas más ingeniosas, conducen a experiencias despersonalizadas e insatisfactorias.

Y así continúa la búsqueda de intimidad: cambio de pareja, nuevos métodos y técnicas sexuales, el último manual sexológico, o una película *porno* todavía más atrevida.

Pero nada de eso produce los resultados apetecidos.

La satisfacción completa

Una pareja puede confiar en la obtención de experiencias sexuales satisfactorias para los dos, solo cuando ambos captan e interiorizan el significado del **amor** genuino, cuando **se aceptan** sinceramente, cuando asimilan los principios de la **comunicación**

La película preguntaba: "¿Por qué dicen amor cuando quieren decir sexo?" La intimidad genuina debe lograrse primero fuera del dormitorio para que luego sea también un realidad dentro del mismo.

eficaz, cuando practican el **respeto** y la **confianza** mutuos, y cuando **se comunican** directa y claramente sus diferencias y preferencias.

La **satisfacción** sexual saludable resulta de la **armonía** en estos ámbitos de la relación interpersonal. Del mismo modo, los sentimientos negativos en estos sectores producirán trastornos en la vida sexual de la pareja.

La unión sexual es la **culminación del ajuste** adecuado en los ámbitos mencionados. Cuando falta uno o varios de estos ingredientes esenciales de la relación total, el

Acariciarse y asirse deberían convertirse en una parte regular de la rutina diaria.

solo hecho de hablar de ello no ayudará a la pareja a disfrutar de unas relaciones sexuales óptimas.

Todo es importante

Cuando una pareja me comenta que tiene "un problema sexual", primero estudio el contexto de la relación global:

✔ ¿Está el **marido** satisfaciendo las necesidades de **amor y seguridad** de su esposa? ¿Está **ella** colmando las necesidades de su esposo de **cariño y reconocimiento**?

✔ **¿Se aceptan** mutuamente ambos cónyuges, o bien su relación se encuentra dominada por las regañinas y la crítica que distancian y destruyen?

✔ ¿**Conoce y practica** esta pareja las técnicas básicas de la **comunicación**?

✔ ¿Pueden **expresarse** sin reservas y **escuchar** atentamente?

✔ ¿Comprenden cuáles son sus diferentes **necesidades** e intentan **satisfacerlas**?

✔ ¿Existe una **distribución equitativa de poder** y autoridad, o bien un cónyuge controla al otro?

Solamente cuando estos asuntos han quedado aclarados, es cuando se puede abordar el problema, ya que la armonía sexual duradera es el resultado de haber construido una relación interpersonal mutuamente satisfactoria.

Los enfrentamientos y la intimidad

Una buena parte de los problemas que se producen en la alcoba tienen su origen en disgustos o enfrentamientos no resueltos.

Comienzan con pequeños agravios que nunca se aclaran, y que acaban transformándose en hostilidad y rechazo.

Me llamó la atención una tira cómica donde una mujer está construyendo un muro de ladrillo en mitad de la cama. Su marido entra en la habitación, y ve la carretilla con mezcla de cemento, los ladrillos y a ella con la paleta de albañil. Entonces se da cuenta y le pregunta: «¿Todavía estás enojada...?»

¿Quién puede ir a la cama y abrazar a alguien contra quien abriga resentimiento, y lo considera el causante de su enojo?

Una esposa sumisa puede dejar que su marido use su cuerpo, pero también puede castigarlo ocultando toda señal de placer, y no será fácil que le demuestre cariño y ternura ni en la alcoba ni fuera de ella.

La **intimidad física** adecuada y mutuamente satisfactoria, es posible solo cuando antes se ha logrado una genuina intimidad **sentimental y afectiva.**

En la cama se destapa todo

En la cama se ponen de manifiesto numerosos problemas que han surgido en otros momentos de la relación conyugal.

Una mujer puede sentirse totalmente controlada por su marido, e incapaz de tomar decisiones o de actuar por cuenta propia. Como resultado, su **dignidad** personal se ve menoscabada. Debido a esto rechaza sus insinuaciones eróticas e inventa una excusa tras otra.

Tal vez no se percate de que con eso intenta "ganar" en algo, para controlar, aunque no sea más que una parcela de su vida.

La falta de participación sexual puede ser un recurso no verbal para **castigarse** recíprocamente o para **expresar enojo.**

Un **20%** de nuestros encuestados admitió abstenerse de los privilegios sexuales como castigo. Se trata en el fondo de una **"lucha por el poder".**

Los sentimientos de **hostilidad** a veces pueden expresarse encerrándose en una habitación, volviendo la espalda, haciendo gestos de desprecio, o alejándose lo más posible del otro cónyuge. Todos estos comportamientos son muestras de **rechazo.**

A veces un hombre somete a su esposa a la **violencia verbal** llamándola: «Estúpida», «Incompetente», «Gordinflona»,...

Estos ataques pueden tener el propósito de disimular algunos episodios de **impotencia** padecidos recientemente. Su ego masculino se siente demasiado amenazado para admitir que él pueda tener semejante problema. Por eso le echa la culpa a ella.

No hay que guardárselo

El varón impotente, o la esposa frígida, generalmente acumula una gran cantidad de irritación contra su cónyuge. Su hostilidad se ha ido acumulando a lo largo de los años.

Imposibilitados para expresar directamente su enojo, se desquitan siendo incapaces de culminar las relaciones sexuales.

El indiferente o inhibido sexual tiene que aprender a liberarse de la carga emocional negativa, expresándola con la boca, en lugar de hacerlo con otras partes del cuerpo.

Verbalizar el enojo es una idea que alarma a muchos, pero los psicólogos afirman que cuando nuestra agresividad se manifiesta adecuadamente, aumenta el interés en el cónyuge y mejoran las relaciones sexuales.

Cuando la hostilidad, abierta o reprimida, entra en la alcoba, siempre acaba por perturbar las relaciones íntimas.

Los complejos y la intimidad

Ciertos complejos, y la ansiedad que generan, siempre son un obstáculo para la mayoría de las actividades humanas, en particular para las placenteras. Y la relación conyugal no es ajena a esta situación.

Cuando detectamos una hipotética falta de **aceptación** plena, la **inseguridad** que eso genera nos impide actuar sin reservas.

No todos percibimos de igual modo los complejos, ni las causas que los originan. Hay complejos que son propios del varón y otros que son más bien peculiares de la mujer.

Complejos femeninos

Cuando el marido importuna a su esposa porque anda sobrada de peso, o porque tiene poco pecho, la denigra y la hace sentirse poco atractiva, aunque posea otros atributos y cualidades admirables.

Puesto que nuestra sexualidad se encuentra estrechamente relacionada con nuestro componente psicológico, si una mujer siente que su **cuerpo** no resulta atrayente, o que no es apreciado por su marido, tal vez no pueda responder sexualmente de modo espontáneo, sin sentirse avergonzada o acomplejada.

El temor a no experimentar el **orgasmo** es otro factor de inhibición sexual para las damas.

Otras mujeres sienten **temor al placer,** porque se criaron en hogares con una educación muy rígida, que consideraba al sexo como algo sucio, inconveniente o malo.

Algunas temen asumir la **iniciativa sexual,** porque no quieren que su marido piense que son demasiado atrevidas.

Complejos masculinos

Los varones tienen sus propios complejos, aunque es menos probable que los admitan o los expresen, ya que con su pareja suelen ser más reservados, en lo tocante a sus propios sentimientos y vivencias, que la mujer.

A pesar de que las preocupaciones sean diferentes, los hombres pueden experimentar la misma ansiedad que las mujeres sienten ante las suyas.

Las señoras son más vulnerables que los caballeros en lo que atañe a su apariencia personal, en cambio ellos tienen sus propios complejos acerca de su **constitución**.

Algunos hombres se consideran a sí mismos poco varoniles, porque no tienen pelo en el pecho o una musculatura prominente. Una baja estatura, una piel suave o una deformidad, pueden influir negativamente en las relaciones íntimas y provocar trastornos.

Puesto que el varón, por su propia naturaleza física **no puede encubrir** el hecho de si está o no dispuesto para hacer el amor, tampoco puede ocultar su preocupación cuando sufre algún impedimento físico. Si su esposa no alcanza el orgasmo, puede sentirse culpable de ello, y dudar de su habilidad o capacidad para satisfacerla.

También hay algunos que se **comparan** con otros hombres.

E incluso hay quienes se preguntan si lo que desean es **normal.**

Superar los complejos

Una vez que uno hace frente con franqueza a sus propios complejos, se halla en mejores condiciones para **expresarlos** sin reservas y **superarlos.**

Cuanto más nos cerremos a la posibilidad de hacer frente a nuestros propios complejos, y a manifestarlos o analizarlos, tanto más difícil será que los podamos resolver.

La comunicación sincera de los complejos y los temores profundos, facilita la superación de las barreras que se alzan en el camino hacia un amor más auténtico y una intimidad sexual más satisfactoria; pero no es posible dar expresión a esos temores en una atmósfera de crítica o rechazo.

La superación de los trastornos íntimos

El temor a la impotencia

Víctor ha tenido varios episodios de impotencia en los últimos meses. Y consideró que el asunto debía comentarlo con sinceri-

Las parejas que deseen disfrutar de una intimidad sexual de alto nivel, deben compartir y discutir –en otras palabras, conversar acerca de ello– todo aquello que se considere necesario.

dad con su esposa Ángela. Pero, *¿cómo iba a reaccionar ella?*:

- **¿Desviando el problema?:** Ángela quizá trate de leer los pensamientos de Víctor. A pesar de su sincera confesión, ella puede hacer su propia interpretación, y deducir que la impotencia de su marido se relaciona directamente con el aumento de peso de ella, concluyendo que debido a eso Víctor ya no la encuentra atractiva o sexualmente interesante. Si le comunica su interpretación, él puede tratar de corregirla e infundirle seguridad. Pero cuando ocurre eso, ella desplaza el origen del problema, traspasándolo de él a ella misma. Con el fin de volver a fijar la atención en sus temores, ahora él tendrá que expresarlos nuevamente. Y eso, evidentemente, a Víctor le resultará muy aflictivo y humillante.

- **¿Negándolo?:** Puede suceder que Ángela niegue el temor de su esposo diciéndole: *«Cariño, parece que eso les sucede a todos los hombres alguna vez. No volverá a ocurrirte. Así que, no te preocupes.»* Pero eso se convierte en una preocupación adicional: *«¿Y qué sucederá si vuelve a ocurrir?»* Ella ha negado la existencia del problema al tratar de infudir seguridad a su esposo. Un problema que es **negado** se torna mucho **más difícil de resolver.**

- **Falso paternalismo:** Otra posibilidad es que Ángela eluda el análisis de la situación de impotencia de Víctor, para no causar la impresión de estar acusándolo de fracaso o inadaptación. Teme llamar la atención al trastorno, de modo que evita decir nada. Pero **ignorar el problema** deja a ambos cónyuges abiertos a **suposiciones engañosas.**

¿Cómo se debe reaccionar pues, cuando un cónyuge expresa semejantes temores?

La mejor reacción

Los temores, así como los sentimientos y las emociones, son algo perfectamente normal y legítimo, y tenemos que saber **aceptar** los ajenos, así como los propios, y hacerles frente.

El temor que Víctor siente hacia la impotencia no debiera negarse ni soslayarse.

Lo que conviene es crear una **atmósfera agradable** y no amenazadora, para que él pueda expresar sin reservas lo que existe **detrás** de sus temores.

Hay que aplicar las técnicas de **escucha activa** y atenta, de modo que él pueda abrirse, y así recibir aceptación y seguridad, que es lo que necesita.

Su esposa puede decirle: *«Veo que estás preocupado por este problema. ¿Qué te parece si hablamos de ello?»,* o bien: *«Estás preocupado por lo que está ocurriendo. Me alegra ver que te muestres dispuesto a analizarlo conmigo. Me gustaría que me dijeras cómo te sientes ahora mismo.»*

Estas observaciones colocan el fundamento para que Víctor pueda compartir sin reservas sus puntos de vista.

Entretanto, los encuentros sexuales de la pareja se van centrando cada vez **menos en lo genital,** dedicándose sobre todo a acariciarse las zonas no erógenas del cuerpo y a abrazarse con ternura.

Compartir ternura y cariño en estas circunstancias, se convierte en algo más importante que el contacto genital.

Esta forma de **compartir** puede conducir a una mayor intimidad, y finalmente a la intimidad sexual.

Ahora ambos se sienten triunfadores, porque van avanzando en un sentido positivo, y pueden ir participando de los resultados de cada una de las victorias que consiguen.

Si estos esfuerzos de ayuda fallan, de todos modos ambos se encontrarán en una mejor disposición para recabar orientación profesional, al haber creado una atmósfera en la que pueden dialogar acerca de su problema concreto.

Un trastorno, una dificultad o una crisis sexual, pueden separar a una pareja, o bien pueden unirla; según sea su reacción ante ello. Si ambos están dispuestos a confiar el uno en el otro, y a compartir sus temores, podrán afirmar mejor su relación.

Mejora en la comunicación

Veamos unos cuantos casos prácticos:

✔ Carlos se queja a su esposa Elena de que su vida sexual se ha convertido en **monótona y aburrida,** y sugiere que vayan a un hotel durante el fin de semana para probar algunas cosas nuevas. Elena se queda helada. «¿Qué cosas nuevas?», piensa. En opinión de ella, su vida sexual anda perfectamente. Elena había llevado consigo a su matrimonio un buen número de **tabúes,** porque fue criada en una familia de moral muy estricta. Carlos ha **procurado dialogar** con ella sobre temas sexuales, pero ella siempre **se ha negado.**

✔ Lina encuentra que las **caricias** de su esposo Luis son poco **delicadas,** por eso evita tener relaciones íntimas con él. Cuando las tienen, ella **soporta** la molestia con gran esfuerzo, pero **evita decirle** cómo le agradaría que la tratara.

✔ Hace varios años Héctor le sugirió a Ana una **preferencia** sexual que le hubiera gustado practicar, pero ella se negó rotundamente. No han vuelto a hablar de ello. Héctor no alude jamás a su deseo, pero secretamente abriga resentimiento contra Ana por no querer complacerlo. Se siente **frustrado** sexualmente.

✔ Gloria no quiere tener relaciones íntimas con tanta **frecuencia** como Valentín. Cree que su marido lo único que desea es sexo. Valentín desprecia su naturaleza más bien fría y su falta de voluntad para mostrarse más complaciente. Han tenido desagradables discusiones sobre el tema, hasta el punto que ahora ninguno de los dos se atreve a mencionarlo.

Estas parejas son ejemplo de un gran número de matrimonios que tienen este tipo de problemas, sin que nunca los aclaren totalmente, ni, por supuesto, intenten resolverlos.

No expresan francamente sus pensamientos, sentimientos, ni deseos.

Lo que uno trata de hacer, el otro lo resiste porque se siente ofendido.

Los esfuerzos que uno hace por comunicarse sin reservas encuentran una decidida oposición en el otro.

Vamos a destaparlo

A menos que los dos miembros de la pareja aprendan a comunicarse mutuamente y sin reservas sus **ideas, gustos y aversiones** sexuales, nunca disfrutarán de las relaciones íntimas como podrían hacerlo.

Tal vez usted, que está ahora leyendo estas líneas, haya tratado de hablar de temas sexuales con su cónyuge, y haya recibido respuestas tan negativas, que se prometió a sí mismo no volver a mencionar el asunto.

Quizás nunca haya dicho nada por temor a alarmar a su cónyuge y crear una situación desagradable. Por eso usted teme arriesgarse a que vuelvan a rechazarlo(a).

Sí, el riesgo es elevado, pero para avanzar en una situación sexual poco clara, es necesario restablecer la comunicación y abordar el problema sin reservas.

Si no logra presentar sus necesidades, y abordar con toda franqueza sus diferencias, perderá lo mejor del placer sexual.

¿Decirlo o callárselo?

Las dos posturas tienen su precio.

El pronóstico para la mayoría de los problemas sexuales es favorable si una pareja tiene el coraje de discutirlos abiertamente y manifiesta disposición a afrontarlos en vez de soslayarlos.

Usted decide.

Ahora bien, las recompensas a largo plazo que proporciona una comunicación libre de reservas, hacen que valga la pena correr el riesgo.

¿Todo, todo...?

La franqueza se convierte en una fuerza para el bien, porque aclara los sentimientos y las ideas, y evita los malentendidos en ciertas situaciones.

En otros casos, sin embargo, la franqueza total puede resultar dañina.

Esto es válido en todo lo que concierne a una relación interpersonal, pero mucho más cuando se trata de nuestra sexualidad.

La completa franqueza puede resultar **brutal y egoísta.**

Hay quienes practican, esa franqueza absoluta, en un intento de solicitud de perdón por sus propias acciones.

Cuando se pregunta a una persona por qué habló sin ningún tipo de reserva, puede contestar: *«Él quería saberlo»*, *«Ella me dijo que se lo contara todo».*

No siempre conviene declararlo **todo,** aunque sea verdad y la otra parte haya pedido que se le revele. Podría estar obedeciendo a una necesidad de aliviar la culpa, o ser una forma de disminuir la hostilidad, o incluso tratarse de una venganza.

Una mujer presionó bromeando a su marido para que le dijera lo que pensaba de sus caderas y su cintura más bien rellenitas. Él soslayó la situación hábilmente con respuestas imaginativas: *«Tienes tantas cosas que me atraen que no me fijo demasiado en eso»* o *«Me gustas así como eres».* Finalmente ella lo presionó demasiado y tuvo que oír algo que le resultó desagradable, y se sintió lastimada.

Algunas respuestas "francas y sinceras", son, en realidad, ofensivas y perjudiciales para la relación conyugal.

Criticar al cónyuge por algo que **no se puede modificar,** resulta **innecesario,** aparte de que es una **crueldad.**

Qué, cuándo, dónde y cómo

Antes de enredarse en una discusión acerca de algo que usted hace o que desea hacer, o bien que no hace o no le gusta hacer, durante las relaciones íntimas, es necesario que se haya construido una plataforma de confianza y respeto mutuos. Esto significa que:

*«Tengo que **aceptar** a mi cónyuge **tal como es**. Así que **respetaré** en todo momento su derecho a ser diferente de mí. Además voy a procurar **comprender** y aceptar que mi cónyuge tenga **gustos diferentes**, incluso sensiblemente distintos de los míos, también en el ámbito de lo erótico.»*

Este nivel de confianza permite dialogar sin reservas incluso de asuntos ante los cuales uno quizá sienta reparos o vergüenza por abordarlos.

Es bueno repasar mentalmente toda la situación antes de hablar con el cónyuge:

- *«¿En qué **momento y lugar,** y en qué **tono** voy a hablarle?»* La oportunidad de unas palabras puede ser tan importante como la idea que expresan.

- Ahora ponga en orden sus ideas: *«¿Qué le voy a decir a modo de **introducción**? ¿Cómo puedo enfocar mejor **el problema** y conocer **sus necesidades**?»* Practique una conversación imaginaria con su cónyuge. Enuncie el problema con las palabras que piensa decir. Tal vez no se sienta bien al pronunciar en voz alta algunas expresiones referidas a la sexualidad, pero la práctica le ayudará a vencer su reticencia.

- *«¿Cómo contestaré si mi cónyuge se pone **a la defensiva**? ¿Cómo haré frente a las **objeciones**?»*

En resumen, planee cuidadosamente todo cuanto crea necesario.

La previsión proporciona seguridad y serenidad, lo cual acrecienta las posibilidades de éxito.

El qué

Es importante tener una idea bien clara de lo que se quiere decir.

No se debe improvisar.

Piense cómo va a abordar el problema, cómo lo introducirá, y el contenido básico de lo que desea hacer saber a su pareja.

Si es preciso, como decíamos anteriormente, exprese **en voz alta,** a solas, lo que desea transmitir. Eso le facilitará la comunicación posterior.

Incluso puede hacerse un esquema o guión **escrito** de lo más importante que desea exponer. Escribirlo le permitirá hacer una reflexión más profunda, y le facilitará un mayor orden en la exposición.

El cuándo

La mayor parte de los expertos concuerdan en que **durante** las relaciones íntimas **no** es el momento más adecuado para hablar de lo que a uno le desagrada en las relaciones sexuales.

Sin embargo, **antes y después** de la relación sexual son dos **momentos excelentes** para hacerlo.

De hecho, los comentarios sexuales antes de hacer el amor, hasta pueden convertirse en parte del **preludio**. Previamente al acto sexual, puede resultar excitante el hablar de lo que nos gusta más y de lo que llevaremos a cabo juntos.

Después de hacer el amor también puede ser un buen momento para dialogar.

Una dama indica al respecto:

–A veces mi marido y yo permanecemos abrazados en la oscuridad. Nos parece natural comentar lo que acabamos de hacer y disfrutar. Puedo decirle el placer que me ha producido con lo que ha hecho, y hasta lo que me gustaría que practicáramos con más frecuencia. Nuestro diálogo es una continuación natural de lo que acabamos de experimentar juntos.

Aun en el caso de **problemas** que vengan arrastrándose **de años, *nunca* es demasiado tarde** para abordarlos, si se hace **con delicadeza.**

El dónde

Hay que buscar un **lugar "neutral"** y cómodo, donde se pueda alcanzar con facilidad un nivel íntimo de comunicación.

Aunque puede ser un buen sitio, por lo general la cama no resulta el más adecuado para conversar de asuntos delicados, pues suele poner a los cónyuges a la defensiva.

Y es necesario **eliminar la actitud defensiva,** antes de poder iniciar una comunicación sin reservas.

En cualquier parte que hayan decidido dialogar, asegúrense de que están solos y a salvo de interrupciones.

En algunos casos puede resultar provechoso dialogar en la oscuridad, porque así se evita tener que mirarse a los ojos, lo cual resulta difícil cuando las relaciones interpersonales se hallan deterioradas.

El cómo

Daniel y Verónica llevan casados ocho años. Él es contable. Verónica es enfermera y trabaja a tiempo parcial en un hospital. A ambos les gustan los trabajos manuales, a los que dedican una buena parte de su tiempo libre.

Pero esta pareja, que parece ideal, está pasando por serias dificultades.

Daniel sufre de eyaculación precoz, y no sabe cómo superar su problema. Se siente avergonzado y culpable por no poder prolongar más el acto íntimo, pero cree que ya es demasiado tarde para dialogar de eso con su esposa. Ella, por su parte, no desea herir a su marido, de modo que finge satisfacción durante el coito para hacerle creer que está disfrutando. Teme decirle que no experimenta casi ningún placer durante esos cortos contactos genitales.

Aunque Verónica se siente insatisfecha sexualmente, trata de mantener una actitud positiva dirigiendo su atención a lo positivo de su esposo.

Si Daniel y Verónica hubieran podido **hacer frente** al problema en las **primeras etapas** de su matrimonio, habrían podido evitar una buena parte de la frustración y la ansiedad que ambos experimentan en relación con esta situación.

Su problema empeoró al desentenderse ellos de su solución.

Cuanto más demore una pareja en dialogar acerca de un problema, tanto más difícil les resultará resolverlo.

El pronóstico para la mayor parte de los trastornos sexuales es bueno cuando la pareja los comenta francamente y manifiesta el deseo de hacerles frente y remediarlos.

Un buen método

A modo de ejemplo veamos lo que sucedió con Daniel y Verónica.

- **Para empezar bien:** Es necesario iniciar la conversación indicando que **se cree haber detectado** la existencia de un problema, y *preguntar* si es un buen momento para hablar de él. Verónica podría iniciar de este modo su conversación con Daniel:

«Daniel, he estado leyendo un libro de sexología que me ha hecho reflexionar sobre nuestra vida sexual. Me parece que nos estamos perdiendo algo en nuestras relaciones íntimas. ¿Qué te parece? ¿Sería ahora un buen momento para que habláramos de ello?»

Si él contesta afirmativamente, ella puede continuar. Si dice que no, tendrá que postergar la conversación para otra ocasión más propicia.

- **Exponer el problema con toda claridad** y tal como usted lo percibe. Hable sin reservas de las **emociones y reacciones** que genera en usted. Formule sus declaraciones **en primera persona del singular.** Cuando hable del efecto que ese problema tiene sobre usted, hágalo **sin culpar** a su cónyuge.

Una advertencia: A pesar de que en este libro se ha insistido en la expresión de los sentimientos y pensamientos mediante mensajes en primera persona, conviene que usted repase el propósito de estos mensajes y el efecto que pueden tener sobre su cónyuge precisamente ahora. El **propósito** principal de un mensaje en primera persona es **poner de manifiesto** los sentimientos y emociones propios, *no cambiar* el comportamiento de su pareja. Se trata de no acumular presión interna, para no tener que explotar a destiempo. Si no se puede mantener el control, es mejor esperar a otra ocasión más propicia.

Mensaje en primera persona inadecuado: «Estoy cansada de ti. En la cama eres un fracaso. No sabes hacer el amor y no me satisfaces. Terminas demasiado pronto. Lo único que te importa es tu propia satisfacción, y yo nunca obtengo nada de ello». Esta declaración **humilla, culpa, juzga** e induce a la otra persona a ponerse a la **defensiva.**

Mensaje en primera persona adecuado: «Aunque disfruto teniendo relaciones íntimas contigo, considero que hay cierta cuestión sobre la que debemos dialogar. Me da la sensación de que estoy perdiéndome algo, porque a mí me parece que todo termina demasiado pronto. Necesito más estimulación antes de la penetración. En ocasiones todo el acto sexual no dura más de cinco minutos, y para mí no es tiempo suficiente. Lo bueno, justo empieza para mí cuando ya está terminando para ti. Eso me frustra, me duele, y a veces hasta me da rabia. He leído en el libro Felices para siempre*, que si el varón eyacula a los dos minutos de haber comenzado el acto, puede que tenga algún problema. ¿Te parece que éste podría ser nuestro caso? ¿Quizá debiéramos buscar una solución?»*

- **Las razones del cónyuge.** Es necesario escucharlas con la máxima atención. Si se muestra razonable y dispuesto colaborar, continúe.

- **Análisis de las soluciones.** Puede emplear algunas de las estrategias usadas pa-

---

* En la "Bibliografía" (pág.181) figura la referencia completa de esta obra, de la misma autora que SIN RESERVAS. EL ARTE DE COMUNICARSE. Ver *Felices para siempre*, pág. 158.

Los vínculos sexuales entre usted y su cónyuge pueden fortalecerse con el
tiempo si ambos saben mantener los canales de comunicación abiertos.

ra resolver problemas generales, pero con delicadeza y cuidado.

Ella: *«¿Se te ocurre alguna solución?»*

Él: *«La respuesta es obvia: Prolongar las caricias íntimas. Pero eso me excita tanto que eyaculo más rápido todavía, de modo que no creo que así se vaya a resolver el problema.»*

Ella: *«Recuerda que el libro dice que si el varón eyacula a los dos minutos o menos de haber comenzado la penetración, puede que sufra eyaculación precoz. ¿Será este tu problema?»*

Él: *«Dos minutos o menos... Me duele admitirlo, pero quizá sea eso... ¿Qué puedo hacer para remediarlo?»*

Mientras se buscan soluciones, hay que estar dispuesto a **escuchar sugerencias.**

- **La solución:** Ahí está el problema. Verónica ha expuesto el efecto de la situación sobre sus sentimientos. Los dos han sugerido soluciones. Ahora viene la evaluación.

Ella: *«Parece ser que hay varios métodos para resolver este problema. La 'Enciclopedia salud y educación para la familia' enseña cómo practicar las técnicas de Masters y Johnson. Quizá sería bueno que lo leyéramos.»***

Él: *«No estoy seguro. ¿Cómo sabemos que es el mejor método, o si realmente da buen resultado? Creo que es mejor consultar con el médico o con un sexólogo.»*

** En esta obra, de los **doctores Aguilar y Galbes,** cuya edición original en castellano la publica Editorial Safeliz, se explica la aplicación práctica de las acreditadas **técnicas naturales de Masters y Johnson,** para corregir la eyaculación precoz (ver tomo 2, pág. 22; esta obra se halla disponible también en alemán, y pronto lo estará asimismo en francés e inglés). En *Felices para siempre* se propugna el método llamado "Penetración y parada" (ver págs. 158-160).

Ella: *«Puedes hacerlo si lo deseas. Pero quizá podríamos probar primero el método recomendado y después consultar con el médico, o un psicólogo, si no se resuelve. ¿Qué te parece si al menos leemos lo que la 'Enciclopedia' dice? Se trata de un programa para los dos, y no solo para ti.»*

Él: *«De acuerdo.»*

Análisis y búsqueda

Por medio de una franca exposición, y sin culpar a nadie, Verónica y Daniel, encontraron un método satisfactorio para resolver su problema.

Sin embargo no siempre se soluciona todo con tanta facilidad.

Si este método no produce el resultado apetecido, hay que buscar otras soluciones e intentarlo de nuevo. Más de un problema se resuelve al cabo de varios intentos.

Para poner remedio a un trastorno o padecimiento, no importa del tipo que sea, primero hay que estar dispuesto a **reconocerlo y exponerlo** sin reservas. Y entonces debemos tomar una decisión:

*«Por **respeto** mutuo y por **amor, he decidido** buscar una solución junto con mi cónyuge.»*

Puede ser que ambos se sientan incómodos o pasen cierta vergüenza, pero de todos modos hay que seguir adelante.

Nada puede ser modificado realmente mientras no se haya sometido a **análisis.**

Teóricamente, los dos miembros de la pareja tienen la misma responsabilidad de sugerir que se analice un problema, y de buscar una solución.

De todos modos, se ha comprobado que para que ocurra algún cambio de situación, por lo común la mujer es quien toma la iniciativa, actuando, eso sí, con mucha prudencia, si no quiere provocar una reacción negativa en su cónyuge.

Pida ayuda cuando la necesite

Los problemas que provocan trastornos en la función sexual, como la inhibición del deseo sexual (IDS), la impotencia, la anorgasmia (incapacidad para alcanzar el orgasmo), la eyaculación precoz, y otros, conviene que los trate un **especialista.**

No debe postergarse la búsqueda de una solución para estos problemas. Es necesario resolverlos *lo antes posible,* para que no se agraven y con ello se complique su solución.

Los problemas sexuales no resueltos suelen aumentar con los años, y en muchos casos generan complejos y ansiedad.

Cuando no se encuentra solución

"Se niega a colaborar..."

*«Usted me sugirió **que dialogara** sobre nuestro problema, pero **mi cónyuge se niega** a hacerlo. ¿Qué puedo hacer entonces?»*

En lugar de emprender la retirada con la sensación de haber sufrido una derrota, y diciendo para sí mismo que nunca más va a mencionar el asunto, puede tratar de dilucidar **qué hay *detrás* de la negativa** de su pareja.

Generalmente se debe a algún resentimiento o complejo. Si fuera posible que su cónyuge lo expresara de alguna manera, estaría en el camino de una solución.

El descubrimiento de la causa

Enrique y Carla llevan 18 años de matrimonio. Tienen dos hijos adolescentes. Carla ha llegado a esa fase en la que muchas mujeres sienten la sexualidad con renovada intensidad, por lo que desea tener relaciones sexuales con más frecuencia que Enrique.

Cuando se lo hace saber, él se niega a hablar del asunto. Pero ahora, en vez de desistir, Carla insiste con firmeza.

Ella: *«Comprendo tu deseo de no hablar de esto, pero necesito hacerlo. Siempre hemos tenido una vida sexual satisfactoria, y ahora te deseo más que nunca. Realmente* **quiero** *tener relaciones contigo. Te estoy pidiendo relaciones amorosas más frecuentes, y al parecer tú deseas evitarlas.* **¿Estoy en lo cierto?**»

Él: *«Posiblemente.»*

Ella: *«Debe de haber algo que te retiene. ¿Por qué no me hablas de ello?»*

Él: *«Me siento tremendamente cansado. Las largas horas... Es que no sé. El caso es que no me apetece.»*

Ella: *«Has estado trabajando mucho. Ya me he dado cuenta. ¿Pero hay alguna otra razón?»*

Él: *«Mira, de eso prefiero no hablar.»*

Ella: *«Pero si no hablamos de ello, la situación empeorará.»*

Él: *«Te digo que no te va a gustar... Pero ya que insististes te lo contaré. Sucede que siempre has sido bastante pasiva. Casi no participas. Contigo es como... hacerle el amor a un maniquí.»*

Ella: *«Parece que has tenido que reprimirte esos sentimientos durante bastante tiempo.»*

Él: *«¡Pues sí! Y además...»* (enojado).

Observe que Carla **no se defiende** del ataque de Enrique, sino que pone el máximo de esfuerzo e interés en **escuchar** activamente. Así que continúa:

Ella: *«Yo diría que eso te está afectando bastante. ¿Hay algo más que te preocupe en cuanto a nuestra vida sexual?»*

Él: *«Bueno, es que... La verdad, cuando me presionas para que hagamos el amor, como vienes haciendo últimamente, me haces sentir como si tuviera que lucirme. Ya no soy tan joven como antes... A veces evito las relaciones íntimas porque es lo más fácil. Lo siento. Sé que no te estoy tratando como te mereces. Y me angustia la posibilidad de perderte. Me sentía incapaz de ha-*

blar de esto contigo... Mira, después de haberlo comentado, me siento mucho mejor.»

Ella: *«No imaginaba lo que te estaba sucediendo. Creía que era culpa mí, que tú ya no sentías interés por mí... Me siento aliviada. Te agradezco que hayas compartido lo que sientes conmigo. Quiero hacer todo lo que pueda para que nuestras relaciones amorosas vuelvan a ser satisfactorias para los dos.»*

Pero, atención, no podemos esperar éxito de un día para otro.

Si usted ha estado vagando por un páramo sexual durante mucho tiempo, quizá diez años o más, ¿quién sabe?, sin hablar de sus problemas, o de lo que le gusta y desea, no debe extrañarle que haya de pasar **algún tiempo** antes de poder llevar a cabo **todas las modificaciones necesarias.**

Así que, por favor, haga buen acopio de **paciencia y perseverancia.**

"¿Problemas yo...?"

Algunas personas ponen en práctica todo lo que se ha sugerido para resolver un problema, pero a pesar de todo se encuentran con una reacción negativa:

«No veo que haya ningún problema», o *«Eso es tu problema y no mío»,* o *«¿A mí? ¿Por qué me tiene que preocupar eso a mí?»*

¿Cómo debiera uno responder frente a la **negación de que exista el problema**?

Si usted sabe que lo hay, o sospecha su existencia, pero se encuentra con una actitud negativa cuando intenta analizarlo con su cónyuge, es mejor que desista.

Si insiste, lo que probablemente ocurra es que eche a perder la posibilidad de dialogar sobre la cuestión en el futuro.

Ahora bien, cuando le parezca prudente sáquelo de nuevo a colación. Si su cónyuge continúa negando el problema, pruebe esto:

«Está bien; puede ser que tú no percibas que hay un problema, pero **yo** *creo que sí.*

La pareja sexualmente armoniosa y que dedica tiempo a ascender por la escalera de la compenetración, seguramente llegará a gozar de una relación vital y gratificante, que resultará inexpugnable a cualquier tentación externa.

*Por favor, quisiera analizarlo contigo desde **mi** punto de vista.»*

Y proceda a hacerlo.

Si su cónyuge niega sentirse irritado o enojado a causa de un problema, pero usted sabe que lo está, **acepte lo que él dice** en vez de entrar en debate. Lo mejor es decir algo así como:

«Acepto que no estás enojado conmigo. Pero si alguna vez te enojas, te ruego que me lo digas, para poder analizar la razón e intentar resolver el problema.»

Si no consigue desbaratar sus defensas tras intentarlo varias veces, será necesario que busque la ayuda de un consejero matrimonial.

"Mi problema es un poco especial..."

No pretendemos, evidentemente, dar una lista de todos los problemas que pueden afectar a las relaciones sexuales de la pareja, y menos aun la receta mágica para cada uno de ellos. Ahora bien, nos ha parecido que podía ser mejor y más efectivo, presentar algunos casos prácticos de problemas específicos.

Soluciones prácticas y efectivas

- *«Me **pide** que haga algo que **no me apetece**. No sé cómo negarme.»*

Hay que actuar con **sinceridad y suavidad**: *«Cariño, eso me hace sentir muy incómoda(o)»* o *«No puedo hacer eso es-*

ta noche» o «No me siento a gusto haciéndolo, y me pone muy nerviosa(o).»

Un cónyuge amante aceptará una admisión franca de algo que genera ansiedad.

- «Me pide que haga algo en lo que **no podría participar** con limpia conciencia.»

También en este caso lo mejor es hablar **sin ninguna reserva:** «No puedo hacer eso porque lo considero impropio» o «Me crié en un hogar estricto y me enseñaron que eso es malo. No puedo participar contigo en esa actividad.»

Es preciso **evitar declaraciones acusatorias** que causen la impresión de que su cónyuge es anormal o incluso pervertido.

- «Llevó años **fingiendo** que siento el **orgasmo** para afirmar el ego de mi marido. Y ya estoy harta, **pero no sé cómo decírselo.**»

Sorprender al esposo con una revelación de esta índole, es muy posible que lo único que logre sea crear más dificultades, en lugar de resolver esta. Lo que importa establecer es **por qué** usted ha estado fingiendo. Eso es falta de sinceridad, y no favorece la intimidad.

Lo mejor es que consulte a un psicólogo o a un consejero matrimonial.

- «Siempre espera que yo sea quien tome **la iniciativa. Me gustaría que** por lo menos alguna vez fuera **ella** quien **la tomara.**»

Sugiéraselo. Dígale: «Esta noche me gustaría que tú tomaras la iniciativa y comiences con lo que te agradaría. ¿Qué te parece?»

Puede ser que al principio no se muestre muy dispuesta a hacerlo por temor a que usted la considere demasiado atrevida.

Una **ayudita** de su parte puede disipar, o al menos disminuir, sus temores.

- «Llevamos casados hace años, y **mi marido siempre toma la iniciativa** porque es muy activo sexualmente. **Nunca he podido hacerlo yo.** ¿Cómo puedo decirle que **me gustaría tomar la iniciativa** de vez en cuando, sin asustarlo?»

A la mayor parte de los varones **les complace** que su esposa tome la iniciativa algunas veces, pero no siempre. Pruebe a decirle algo así como: «Esta noche me encuentro con muchas ganas... Me gustaría iniciar algunas cosas contigo. ¿Te parece bien?» Pocos hombres rechazarán semejante ofrecimiento. Si es demasiado tímida, y teme que su esposo la considere mal, podría decir: «He leído en un libro que a los hombres os gusta que vuestra esposa inicie nuevas prácticas y que tome más la iniciativa a la hora de hacer el amor. ¿Te gustaría si yo lo hiciera?»

- «A mi marido **le resulta insoportable que yo me niegue** a tener relaciones sexuales, y **se siente rechazado.** Cuando sucede eso, al día siguiente se muestra muy frío, de mal humor y criticón, aunque yo lo abrace y lo acaricie. Eso atenúa el deseo en mí y comienza un ciclo que puede durar semanas. Hemos tratado de hablar de ello, pero me dice que si yo me niego aunque sea por fatiga o por la regla, es porque lo estoy rechazando y soy la causante del problema. Creo que la dificultad está en su reacción contra mí, y en el **rechazo** de mí como persona. ¿Existe **una forma** mejor de **decir que no?**»

En una relación amorosa, tanto uno como el otro cónyuge debieran **poder negarse** a realizar el acto sexual ocasionalmente, cuando no les apetezca. Pero esto tiene sus **riesgos** aun en las mejores relaciones. Somos muy puntillosos en lo que atañe a nuestra sexualidad.

La mayor parte de la gente evita decir que no directamente. En cambio, emplea una amplia gama de **estrate-**

gias de evitación para soslayar el asunto. Tal vez la más común sea comenzar una **discusión.** Si ambos están enojados, la probabilidad de que puedan iniciar relaciones sexuales es bastante escasa. Otras tácticas son simular que se está **dormido o cansado,** o fingir estar demasiado **ocupado** para acostarse, o bien **pasar por alto** las insinuaciones del cónyuge. Estos subterfugios evasivos no convencen a nadie, y lo único que producen es **resentimiento.**

Insistimos una vez más: La **sinceridad** es el mejor procedimiento. Si realmente está cansado, diga: *«Esta noche estoy demasiado cansado(a) para ser un(a) buen(a) amante».* Luego prometa que la próxima vez procurará estar en buenas condiciones y así podrán disfrutar de unas magníficas relaciones íntimas. Esta promesa hace menos probable que surjan sentimientos de rechazo.

- *«Nuestra vida sexual es bastante satisfactoria, pero hay algunas cosas que* ***me gustaría que mi cónyuge me hiciera*** *con más frecuencia,* ***pero no sé cómo pedírselo.»***

Cuando **pida** algo que desea o necesita, hágalo **de forma positiva, sin exigir.** *«Me resulta tan agradable cuando... Me harías tremendamente feliz si hiciéramos esto más a menudo»,* o bien: *«Me gusta cuando... Amor mío, ¿cuándo volverás a hacérmelo?»*

Es asombroso lo **complacientes** que los cónyuges amantes pueden ser, **una vez que saben** lo que proporciona placer a su pareja.

- *«A veces él* ***me acaricia*** *de forma que* ***no me gusta.*** *¿Cómo puedo decirle* ***que no lo haga,*** *sin herir sus sentimientos?»*

Pues mediante un mensaje **en primera persona.** En lugar de decir: *«No me gusta que me toques ahí»,* diga: *«Me siento incómoda cuando me acaricias ahí demasiado pronto, porque todavía no estoy lista para eso.»*

El toque definitivo

No debemos explayarnos tanto en los problemas y cosas que desagradan a nuestro cónyuge, que olvidemos decirle lo que nos gusta de su persona y su manera de ser.

Hemos de hacerle cumplidos, cuando resulten apropiados.

Tengamos siempre presente que lo negativo se acepta mejor cuando va acompañado de expresiones que halagan al interlocutor.

"Lo haces bien... Y, ¡me gusta!"

Cuando analizamos un problema serio, tendemos a concentrarnos en él y nos olvidamos de numerosas experiencias agradables.

Las expresiones de aprecio y admiración deben oírse con frecuencia en la alcoba, donde nunca faltan oportunidades para hacer que el cónyuge se sienta **competente, digno de ser amado y atractivo.**

Expresiones como: *«Anoche estuviste magnífico»* o *«Sabes hacer muy bien las cosas»,* o *«Eres muy apasionada»,* o *«Me haces feliz, por eso deseo estar más contigo»,* hacen que el cónyuge se sienta orgulloso de su propia capacidad amatoria y erótica.

Los cumplidos referidos a la sexualidad logran que el cónyuge trate de vivir de acuerdo con la forma como su pareja ve su actuación. Eso promueve más amor, pasión y unión íntima en un nuevo encuentro.

El vínculo sexual puede fortalecerse cada vez más, si se mantienen abiertos los canales de comunicación.

Sexo sano y divertido

Con el transcurso del tiempo, un peligro para todas las parejas consiste en que dejen de considerarse el uno al otro como alguien único.

Esta actitud, que se manifiesta también en la alcoba, conduce a la monotonía y al hastío, al deseo de novedad, y en buen número de casos a la infidelidad.

Un nuevo compañero o compañera sexual puede revivir el placer íntimo momentáneamente, pero persiste el hecho de que el sexo no puede autorrenovarse.

La "química" del cuerpo que una vez atrajo a la pareja y prendió la llama que no podía apagarse, debe renovarse constantemente dentro de la relación conyugal.

La sorpresa

Sin embargo, predominan las relaciones sexuales conyugales rutinarias y aburridas que siguen **una pauta predecible** que comienza con los besos, pasa **rápidamente** a las caricias íntimas, y concluye pocos minutos después con la penetración.

Y todo eso sin manifestación de solícito cuidado personal, sin interés, e incluso sin apasionamiento.

Resulta pues indispensable **evitar la rutina,** colmando el vínculo sexual matrimonial de ternura, y manifestaciones sinceras y apasionadas de admiración mutua.

Contemplar y susurrar

Una de las formas más sencillas de renovar el vínculo sexual, es decir a su cónyuge lo mucho que le gusta a usted contemplarlo.

Reinicie el hábito de **contemplar** a su cónyuge cuando se desnuda, comunicándole con la mirada y las palabras lo mucho que le atrae lo que está viendo.

Nunca debiéramos olvidar que **la palabra** bien empleada es **el *mejor* afrodisíaco,** pues **el *principal*** órgano sexual es **el cerebro.**

Toda mujer puede comunicar al compañero lo mucho que su virilidad estimula su deseo sexual.

Este aprecio verbal mutuo, no solo aumenta el deseo sexual, sino también motiva a ambos cónyuges a mantener su cuerpo en buena forma.

Buen ambiente

El éxito en el sexo también incluye la **iluminación** conveniente del dormitorio, la **música** adecuada, y un cambio en la ambientación de vez en cuando.

Hacer el amor a la luz de una vela en una alcoba oscura, puede resultar romántico... y excitante.

Una música sugestiva, suave, o algunas composiciones clásicas, estimulan a muchos melómanos.

Aunque la cama sea el lugar más cómodo para hacer el amor, conviene experimentar de vez en cuando en **algún nuevo lugar** de la casa, o incluso fuera de ella.

Estas actitudes novedosas pueden añadir interés a las relaciones sexuales, porque rompen la rutina.

Teoría... y práctica

Y además no deberíamos olvidar en ningún caso que los matrimonios que son sexualmente poco activos tienden a desintegrarse con el tiempo.

Una pareja que en el plano del amor erótico está fuertemente vinculada, y que dedica tiempo a las relaciones íntimas, con una frecuencia aceptable para ambos, descubrirá una relación vital y satisfactoria, que además de proporcionar placeres únicos, crea lazos de afecto indestructible, y convierte el matrimonio en un baluarte inexpugnable contra las tentaciones.

Hablando de sexo...

Lo que no se debe hacer

Ella: «Veo que ya no me deseas, pues no hacemos el amor tan a menudo como antes» (mensaje en segunda persona).

Él: «¡No me digas! Justamente eso es lo que yo pienso de ti... Porque culpa mía no es» (respuesta en segunda persona, devuelve la culpa).

Ella: «¡Será posible! Tú eres el que se acuesta tan tarde, que me encuentras dormida cuando vienes a la cama. Lo haces a propósito para evitarme» (culpa y juzga).

Él: «¡Qué sabrás tú del porqué de lo que yo hago o dejo de hacer!» (respuesta defensiva).

Ella: «De eso ya hemos hablado. Ya no te interesas por mí. Lo único que te importa es tu [aquí menciona su afición preferida]. Esperas que trabaje todo el día fuera de casa, que atienda a los niños, que prepare la comida, que planche, que limpie... Y tú nunca me ayudas» (culpa y humilla, y se aparta del asunto inicial).

Él: «Ya estamos con lo de siempre. No importa cuánto te ayude, nunca vas a estar satisfecha...» (actitud defensiva y que presupone lo que ocurrirá en el futuro).

■ ■ ■ ■

Él se marcha de la alcoba. Y han acabado **perdiendo los dos.**

En vez de **analizar** el asunto concreto, y de **escuchar** con atención, se han dedicado con toda sus energías a **atacarse mutuamente y a defenderse,** lo cual provoca **aislamiento y resentimiento en ambos.**

Lo que conviene hacer

Ella: «Me gustaría que habláramos de algo que últimamente me preocupa. Se trata de nuestras relaciones amorosas. ¿Te parece que ahora es un buen momento?»

Él: «Bueno... Venga, dime.»

Ella: «Nuestra relaciones amorosas me han hecho siempre muy feliz. Disfruto contigo porque procuras satisfacerme. Pero últimamente encuentro que se van distanciando cada vez más y más. Eso me hacer sentir sola y alejada de ti. Tengo la impresión de que no te preocupas de mí como solías hacerlo, e incluso me parece como si no me quisieras como antes. ¿Te acuerdas lo felices que éramos al principio cuando hacíamos el amor hasta dos y tres veces por semana...? Esto es lo que yo siento, pero antes de seguir, quisiera estar segura de que he sabido transmitirte lo que quería decir» (una felicitación y un mensaje en primera persona, y la comprobación de percepción).

Él: «¡Por favor! ¿A qué viene todo esto?» (intento de desviarse).

Ella: «Mira, la primera vez que te hablé de este asunto lo enfoqué muy mal. Por eso ahora lo estoy planteando de otro modo. Necesito saber si he sido capaz de transmitirte todo lo que quería decir.»

Él: «Bueno... Pues parece que quieres que te haga más caso...»

Ella: «Eso es una parte de lo que intento decirte...»

Él: «Dices que soy un buen amante.»

Ella: «¿Y qué más...?»

Él: «Que te sientes aislada de mí cuando no tenemos relaciones amorosas.»

Ella: «¿Y...?»

Él: «... Parece que te gustaría tener relaciones íntimas más a menudo.»

Ella: «¡Perfecto! Eso es lo que quería decirte. ¿Te parece razonable lo que te pido?»

Él: «Pues la verdad es que sí, cariño. Pero este nuevo trabajo me absorbe por completo. Ando muy estresado. La verdad es que últimamente no me apetece hacer el amor como antes. Estoy siempre cansado.»

Ella: «A mí también me preocupa el estrés que te está provocando tu nuevo puesto de trabajo. Pero me parece que, si descuidamos nuestra intimidad sexual, corremos el riesgo de echar a perder nuestro matrimonio. Para disminuir la tensión, y dedicar tiempo para nosotros, me gustaría que saliéramos juntos al menos una noche al mes. ¿No sé si me estoy explicando?» (se propone una solución, y comprueba la percepción).

Él: «Ya veo que estás preocupada por mis problemas, y que te gustaría salir una noche al mes... Pero últimamente andamos muy justos de dinero. Si salimos aumentarán los gastos, y eso me va a estresar aún más.»

Ella: «Creo que podemos hacerlo en plan económico. No se trata de gastar mucho, sino de que evitemos la rutina y de que podamos estar los dos a solas. En cuanto a los niños, si mi madre no puede quedarse con ellos, se lo pediré a mi hermana, y yo lo haré por ella en otra ocasión.»

Él: «Quizá... Eso puede que me alivie la angustia y la tensión, y tal vez consiga relajarme y volver a ser el de antes.»

Ella: «Te voy a proponer que tomemos la decisión de probar este plan durante tres meses. Tal vez con menos agobio recuperarás tu entusiasmo amoroso, y volveremos a disfrutar los dos como antes. Y si no da resultado, me gustaría que volviéramos a dialogar sobre esto para ver lo que ha fallado, y si hace falta proponer un nuevo plan.»

Él: «De acuerdo. Me parece muy bien.»

■ ■ ■ ■

Esta vez los dos han ganado, porque ambos han podido **expresar sin reservas sus sentimientos y vivencias,** en vez de ponerse a la defensiva y manifestar hostilidad. Cada uno aportó razones, y **analizó** posibles soluciones. Ninguno de los dos **culpó ni humilló** al otro.

ATENCIÓN: No hay que hablar demasiado de un problema sexual. Es preciso distinguir entre un problema menor aislado y otro de larga duración, que podría resultar desastroso si no se solucionara. Por ejemplo, existe una gran diferencia entre perder el interés sexual una noche y la imposibilidad de alcanzar el orgasmo durante varios meses. Referirse constantemente a la incapacidad del cónyuge para satisfacer nuestras propias necesidades, acabará despertando resentimiento en él y agravará el problema.

Diálogo sexual
sin reservas

Algunas personas son capaces de hablar sobre la sexualidad de forma natural y distendida. En cambio otros se sienten muy incómodos y avergonzados. No importa la forma de ser del lector o la lectora, las siguientes recomendaciones pueden resultarle útiles para iniciar una conversación sobre este tema tan importante con su cónyuge.

Hacer referencia a una afirmación ajena

Uno de los modos más fáciles es comentar a su cónyuge algo nuevo referente a la vida conyugal o sexual que haya encontrado en una **revista** o en un **libro, y** que le haya parecido novedoso o interesante. Si el autor es considerado una autoridad fiable por ambos, eso facilitará notablemente el diálogo.

Hablar de los propios temores

Una persona **tímida o inhibida** puede introducir el tema exponiendo con toda franqueza lo difícil que le resulta dialogar sobre temas sexuales. Puede empezar más o menos así: «Me cuesta mucho hablar de esto... Quisiera decirte algo referente a nuestra vida sexual, pero no encuentro la forma. No me salen las palabras. Todo esto me pone nervioso(a).» Estas observaciones captan la **atención** y producen **empatía**.

Presentar un hecho que nos haya llamado la atención

Otro modo eficaz de iniciar una conversación de contenido erótico es presentar algún hecho asombroso: «Fíjate lo que acabo de

leer: el cincuenta por ciento de los matrimonios tienen problemas sexuales sobre los que no pueden dialogar entre ellos. ¿No te parece que es un porcentaje muy elevado?» O bien: «¿Sabías que una encuesta ha revelado que las mujeres creyentes y practicantes son mejores amantes en el matrimonio que las no practicantes; que se satisfacen más y son más activas sexualmente, e incluso logran más orgasmos?»

Hacer preguntas

Formular preguntas acerca de lo que a su cónyuge le **gusta** o le **desagrada,** es otra forma de comenzar a dialogar sobre el sexo. Las parejas con frecuencia ignoran lo que agrada o desagrada a sus cónyuges, porque nunca se lo han preguntado.

El **principiante** que desea romper la barrera del silencio en el ámbito del amor erótico, puede formular preguntas que se contestan con un "**sí**" o un "**no**". «¿Te gusta cuando te hago esto?» «¿Te agrada eso?» «¿Tu gustaría que hiciéramos esto más veces?» Este tipo de preguntas resultan más fáciles para los **hombres.** Si se trata del primer intento de dialogar sobre la común vida íntima amorosa, y lo único que recibe

«El tipo de caricias íntimas que mayor placer me produce es...» «Cuando te hablo acerca del sexo, siento...» «La mejor experiencia amorosa que he tenido contigo fue cuando...»

Buscar las coincidencias

Otro modo de iniciar una conversación de contenido erótico es hablar sobre un tema con el que ambos están de acuerdo. Por ejemplo: cuánto les gusta besarse, o posturas que les agradan para hacer el amor. Una vez que ha abierto el tema del sexo a este nivel, será más fácil avanzar hacia un nivel más profundo. Finalmente podrá abordar cuestiones que pueden producir vergüenza o que poseen una gran carga emotiva.

■ ■ ■ ■

es un "sí" o un "no" como respuesta, no se desanime, porque eso ya resulta positivo para un novato en la cuestión. No se deben formular todas las preguntas de una vez... ni esperar todas las respuestas al primer intento.

Es necesario **evitar las preguntas generales** o vagas, como: «¿Qué es lo que más te gusta?» «¿Y a ti qué te resulta más excitante?» Tal vez le conteste: «Todo», y usted no se habrá enterado de nada. Es mejor **hacer preguntas concretas y calculadas,** con el fin de obtener respuestas definidas.

No se sorprenda de que su cónyuge manifieste cierta **ansiedad.** También usted puede sufrirla. No se detenga por eso. Las **tensiones** pueden producir reacciones **positivas,** cuando usted las canaliza de forma constructiva, en lugar de permitir que se conviertan en un obstáculo para la comunicación sincera.

Frases abiertas

Las frases abiertas pueden ser útiles para ayudar a una persona a que comience a dialogar sobre temas sexuales. Pueden ser semejantes a estas: «Fíjate que idea tan curiosa sobre la sexualidad tenía yo cuando era niño: ...».

Para iniciar o restaurar una buena comunicación

8

A TRAVÉS DE todo este libro hemos ido ofreciendo sugerencias de soluciones, globales o parciales, a los principales problemas surgidos en la pareja mediante una comunicación mutua sin reservas.

Nuestra ya dilatada experiencia nos demuestra que, si usted ha aplicado esas soluciones con diligencia y constancia, aunque no lo haya hecho a la perfección, sus relaciones conyugales habrán mejorado.

De todos modos hay **casos *extremos, o particularmente* difíciles,** a los cuales, si queremos darles solución, es necesario aplicar **estrategias *particulares.***

Con este propósito presentamos un par de situaciones reales, que, con ligeras variantes, nos ha tocado vivir de cerca en más de una ocasión. En ambos casos ofrecemos las alternativas de actuación que mejores resultados han dado, con el deseo, y la esperanza, de que si usted se encuentra en uno de estos casos, u otro similar, le puedan resultar de utilidad.

¿Qué puedo hacer si yo estoy dispuesto a comunicarme, pero mi pareja no?

A ciertas personas la intimidad los asusta, y rechazan toda muestra de interés solícito o de comunicación íntima. ¿Existe alguna forma de establecer vías de comunicación con ellas?

Para comunicarse con un introvertido

- Hay que **facilitarle** que nos hable prestándole la máxima atención cuando él esté hablando. Es necesario adoptar una postura que denote que estamos **atentos a todo lo que nos está diciendo.**

- **No debemos echarle las culpas ni usar un tono acusatorio.** Esta actitud pone a la otra persona a la defensiva.

- **No comunicar jamás a nadie las confidencias recibidas.** Este es un principio general a aplicar en todas las parejas, y no solo en las de cónyuges poco comunicativos. Si alguien llega a pensar que su pareja no es una persona digna de confianza, tal vez nunca se abra. Cuando queramos que una persona retraída se comunique sin reserva, debemos mantener todas sus confidencias en el más riguroso secreto.

- **No extrapolar lo que nos están diciendo,** sacando conclusiones fuera de lugar, y poniéndonos a la defensiva. Hay que escuchar con la mente abierta y la boca cerrada.

- **Abstenerse de interrumpir,** incluso para llenar los vacíos, aunque duren algunos segundos. Cuando uno piensa que ya ha terminado de escuchar, es preciso que continúe escuchando durante medio minuto más.

- **Demostrar que hemos prestado atención y hemos comprendido sus** sentimientos. Cuando nuestro cónyuge está luchando con un problema, hemos de usar de toda nuestra capacidad de escucha activa, permitiéndole que hable de sí mismo.

- **No hay que sugerir soluciones.** Las soluciones pueden venir después. Lo primero es establecer una atmósfera de **aceptación y confianza.**

- **Restablecer el contacto físico.** La comunicación verbal resulta más fácil si viene acompañada de contacto físico. Unas palabras de encomio sincero, junto con unas palmaditas en la espalda o en la rodilla, o apretar la mano, puede ser un buen comienzo. Aun la enfermedad ofrece oportunidad para el contacto físico por medio de un masaje, o bien colocándole una mano fría sobre la frente afiebrada.

- **Aprovechar todas las oportunidades para sacar al cónyuge de su silencio:** Ver juntos una película puede permitir que se pongan de manifiesto sentimientos que de otro modo permanecerían reprimidos. Puesto que ni los hechos ni los personajes son reales, ni están directamente relacionados con nosotros, las emociones suscitadas por ellos se pueden exponer con más facilidad. Los comentarios sobre la película hechos posteriormente pueden proporcionarnos la oportunidad de explorar los sentimientos, y lo que hay detrás de ellos, de modo discreto.

Un cónyuge encerrado sobre sí mismo

Apreciada Sra. Van Pelt:

Tengo un grave problema. Mi esposa prácticamente ni me dirige la palabra. Cuando le pregunto o le sugiero algo, por lo general no me contesta. A menudo ni siquiera se da cuenta de que le estoy hablando. A veces espero unos instantes y le repito lo dicho, o bien le pregunto si se ha enterado de lo que le estaba diciendo. Entonces se enoja, y dice que yo siempre ando con recriminaciones. Así que me siento muy mal, pues actúo sin mala intención. Elude con excusas, cuando no rechaza, cualquier acercamiento íntimo. Lo único que deseo es comunicarme con ella, y poder restablecer nuestras buenas relaciones del principio; pero, o ni tan solo me contesta, o lo hace con evasivas. A veces incluso me responde con un "Déjame en paz". ¿Cómo vamos a poder comunicarnos si ella no quiere?

Un marido frustrado

Después de una crisis, por larga y profunda que haya sido, si dos cónyuges consiguen mirarse de frente, y exponer lo que cada cual piensa de forma positiva y sin prejuzgar las intenciones del otro, habrán dado un paso decisivo para superar sus diferencias.

Si su cónyuge es introvertido, de modo que no siente necesidad de comunicarse, es preciso comprender, y aceptar, que quizá simplemente se trate de una persona poco habladora, y que por lo tanto difícilmente le apetece iniciar una conversación o participar en la que otro haya iniciado.

*¿Qué se puede hacer pues, cuando **un miembro** de la pareja **intenta** establecer comunicación, **pero el otro no** quiere?*

Cabe tomar varias iniciativas, como vemos en el cuadro de la página anterior.

Abrirse a la comunicación

No creo que exista ninguna receta mágica para transformar a un cónyuge introvertido en un individuo abierto y comunicativo.

Sin embargo, en adición a todo lo dicho en las páginas precedentes, existen ciertas estrategias complementarias, o un modo particular de aplicar las técnicas de comunicación, que pueden resultar eficaces.

Para abrir, preguntar

Las preguntas son la llave que puede abrir la puerta a la participación, o cerrarla; dependiendo del **tipo** de preguntas que se formulen, así como de la **forma** de plantearlas.

Damos a continuación una regla que se puede recordar con facilidad:

Evitar las preguntas que comienzan con un *'por qué'*: *«¿Por qué dices eso?» «¿Por qué te sientes así?» «¿Por qué lo haces siempre así?»*

Las preguntas de esta índole, colocan de inmediato al interlocutor en una posición en la que *tiene que* **defender** lo que acaba de decir o hacer.

En realidad esta forma de interrogar supone una **acusación,** que casi siempre provoca una *reacción* **defensiva.**

Para evitarlo hay que usar el *'por qué'* únicamente cuando se necesita una **información concreta,** y no cuando tratamos de vencer las reservas de una persona retraída.

Lo adecuado es usar, en cambio, preguntas con *'qué'*.

En lugar de inquirir: *«¿Por qué te gusta tanto el tenis?»*, se puede decir algo así como: *«Dime: ¿Qué es lo que te atrae del tenis?»*, o incluso mejor: *«¿Qué crees tú que tendrá el tenis que lo hace tan atrayente?»*

Entrar directamente

Formular **preguntas** *directas* sobre **temas** *concretos,* es otra forma de vencer las reservas de una persona poco comunicativa.

En lugar de preguntar *«¿Qué tal te ha ido el día?»*, se puede decir: *«Cuéntame lo más interesante que te ha sucedido en el trabajo esta semana»*, o mejor incluso algo así como: *«¿Qué sucedió, por fin, con aquel proyecto que presentaste? ¿Te lo han aceptado?»*, o quizá: *«Parece que el nuevo producto que habéis lanzado ha sido un éxito. ¿Cómo lo habéis conseguido? Porque la verdad es que no parecía fácil que tuviera aceptación desde el principio.»*

En otros casos se puede formular una pregunta semejante a esta: *«¿Qué ha sido lo que más te ha preocupado estos días: los niños, los pagos pendientes, la salud de tu madre, aquella reunión tan importante...?*

En lugar de afirmar *«Nunca me cuentas nada de tu infancia»*, uno puede formular más o menos así la cuestión: *«Me encanta oírte hablar de cuando eras pequeña(o). Me acuerdo que una vez dijiste que... Pero fue porque... o en realidad...»*

Las **peticiones** *concretas* **de información** alivian la tensión y la ansiedad de una persona poco comunicativa.

Conviene combinar esta modalidad con la técnica del **"Continúa, continúa..."** (ver pág. 47).

Hay preguntas más fáciles que otras. Se recomienda **comenzar por las fáciles,** y posteriormente introducir las más difíciles.

Para empezar

Si usted capta que hay algo que preocupa a su cónyuge, y que tiene reservas para hablar de ello, podría ayudarle a expresarse por medio de **frases introductorias** como:

«Algo que ahora mismo me está preocupando y que me resulta difícil explicar es...» «Algo que realmente me hace sentirme molesto es...» «No entiendo muy bien por qué, y sé que no debiera ser así, pero a veces cuando dices (haces)... la verdad es que me produce una sensación desagradable».

No importa que las respuestas o comentarios de su cónyuge a estas frases iniciales no tengan mucho sentido, se contradigan, o carezcan de valor desde el punto de vista de usted. Lo que importa es lograr que la persona reservada salga de su incomunicación.

Una vez que su cónyuge haya llegado a este punto, se puede facilitar la expresión de sus pensamientos o sentimientos haciendo que responda a declaraciones abiertas como las que siguen:

«Al decirte esto se me ocurre que...» «Hablar de esto me hace pensar si...» «Al comentar esto contigo me ha parecido entender que...»

La comunicación mediante declaraciones abiertas, no queda concluida mientras quien

El momento y el lugar, el ambiente y la predisposición, el tono y los gestos, son tan importantes, y a menudo más, que el mensaje verbal que se transmite. Y si esto es cierto en los momentos de bonanza, mucho más en los de tormenta.

haya tomado la iniciativa en la comunicación no reaccione **demostrando,** de forma explícita, **auténtico interés** por lo que su cónyuge le esté diciendo. De modo que a su respuesta o comentario, usted tendrá que apostillar algo así como:

«Al decírmelo tú me has hecho darme cuenta de que...» «A ver si ahora lo he entendido bien: ¿Has dicho concretamente que lo que te gustaría que yo hiciera es...?» «Conociendo tu punto de vista, ahora veo que yo no había comprendido bien. En realidad ahora me doy cuenta de que lo que quisiste decir es que [y se resume su idea en una o dos frases]. ¿No es cierto?»

La **franqueza** en la comunicación, sin embargo, **concluirá** de inmediato cuando nuestro interlocutor perciba **falta de interés o de aceptación.**

Así se cierra una puerta

Una marido ha logrado por fin que su esposa le cuente por qué se angustia tanto frente a problemas y situaciones que a él le parecen de lo más normal y corriente. Y entonces ella, sorpresivamente, le dice:

—Mira, ¡estoy harta de todo! Así que voy a dejar de trabajar fuera de casa. Mañana mismo pido el finiquito...

A lo qué él le contesta de inmediato de forma brusca e impositiva:

—¡Ni se te ocurra! No me explico cómo puedes ser tan irresponsable. ¿Te das cuenta de que no vamos a poder pagar la hipoteca, y nos quedaremos sin la casa...?

Y así ella es muy probable que nunca más quiera volver a abrirse.

Usted puede no estar de acuerdo con los sentimientos de su pareja, pero sí puede aceptar que hoy no se sienta bien, y si acaso haberle dicho algo así como...

«Comprendo que te sientas así, porque para poder llegar a todo estás haciendo un esfuerzo tremendo. Si de veras crees que no puedes resistir más, quizá lo mejor sea que dejes de trabajar fuera de casa. Tu salud y tu bienestar son mucho más importantes que el dinero y que todas las comodidades materiales. De todas formas vamos a pensarlo con calma, y mañana [u otro día concreto] hablaremos de ello. Quizá ni yo ni los niños te estamos ayudando suficiente en casa... Vamos a ver si es esto, y cómo podemos resolverlo. Estoy seguro de que vamos a encontrar una solución.»

¡Y procurar cumplirlo!

Para empezar, tres pasos

Una esposa escribió en el formulario de respuesta de nuestra encuesta sobre la comunicación (ver nota pág. 21):

«Mi marido es un tipo muy práctico. Aunque llevamos treinta años casados, todavía no he conseguido que sea amigo mío. Hablo con él, le confío mis sentimientos y mis pensamientos. Lo escucho atentamente a menudo, con el fin de permitirle que él exprese los suyos. Pero sus contestaciones son siempre lacónicas. ¡Conoce más respuestas de una sola palabra, o de una sola frase, que nadie! Pero todavía tengo la esperanza de que cambie. ¿Podría darme alguna idea de lo que me conviene hacer?»

Cuando alguien está casado con una persona lacónica o muy reservada, antes de perder la esperanza, le recomendamos que dé tres sencillos pasos. Tal vez con ello pueda inducirlo a expresarse con mayor facilidad y apertura. Se le debe preguntar por...

1. el **acontecimiento** o la **experiencia** presenciados o vividos,

2. los **sentimientos o emociones** relacionados con lo que aconteció,

3. los **resultados** de la experiencia.

Una sencilla pauta para recordar estos tres pasos es:

*«**Lo que sucedió** es... (punto 1); **me produce** un sentimiento de... (punto 2); **como resultado** de esta experiencia, **yo**... (punto 3).»*

La próxima vez que su cónyuge diga, por ejemplo, que ha comprado un nuevo aparato o una prenda de ropa, procure hacer que hable preguntándole qué lo indujo a comprarlo, y lo que siente en relación con él. A continuación pregúntele qué servicio o beneficio piensa obtener de dicho aparato o de la prenda.

Estímulos para la comunicación

Cuando su cónyuge se haya abierto, es necesario **decirle** lo mucho que él, o ella, significa para usted, y **cuanto le gusta** compartir esos momentos de comunicación.

Aunque no se haya alcanzado el nivel de intimidad con el que uno soñaba, eso supone **un buen principio** para que, el cónyuge cerrado o con reservas, se sienta motivado a seguir compartiendo. Y con ello se sentirá estimulado a seguir haciéndolo en el futuro.

Al cónyuge introvertido, también se le puede sugerir que nos diga si hay algo que podemos hacer para facilitar su esfuerzo por comunicarse mejor.

Abrazar al cónyuge, darle una palmadita en la mano, una caricia o un beso, y **agradecerle** esos momentos de comunicación, es el mejor estímulo para que se repitan y aumenten.

Un cónyuge...
realmente difícil

Apreciada Sra. Van Pelt:

Mi marido y yo compartimos la misma vivienda, pero vivimos separados. Él insiste en que mantengamos las formas en beneficio de los niños. Tan solo trabaja esporádicamente, de modo que apenas contribuye a cubrir nuestras necesidades. No siento el más mínimo deseo de hablar con él, porque disfruta intimidándome. Cuando estamos solos anda siguiéndome por toda la casa burlándose de mí y denigrándome, mientras yo trato de alejarme de él. Procuro encontrar un lugar donde ocultarme de su presencia hasta poder recuperar la calma. A menudo, desesperada, acabo respondiéndole de modo hiriente en medio de un mar de lágrimas, y solo entonces me deja tranquila. ¿Comunicarme con semejante hombre? Ni soñarlo. De todos modos, he perdido hasta el deseo de hacerlo. Lo nuestro no tiene arreglo.

Desesperada

Puede que haya personas tan dañadas anímicamente que no actúen con normalidad, por lo que en la práctica resulte imposible comunicarse con ellas.

¿Existe algún modo de llegar hasta ellas? ¿Qué hace un cónyuge, cuando el otro se niega a realizar el más mínimo esfuerzo para mantener una relación conyugal saludable?

Hay personas que rechazan de modo permanente cualquier muestra de atención o comunicación íntima. Los esfuerzos por relacionarse con ellas normalmente, solo suscitan enojo, silencio u hostilidad.

Pero no deberíamos olvidar en ningún momento que, quien se comporta de semejante modo, **también** tiene **sentimientos** y experimenta **emociones.**

El distanciamiento que una persona así provoca mediante su hostilidad, quizá no sea más que un mecanismo de defensa.

Los continuos esfuerzos que usted está realizando por crear en su cónyuge una situación de cercanía anímica, pueden provocar manifestaciones de **hostilidad,** porque los percibe como un **desequilibrio** en sus sentimientos y emociones profundos.

Una educación inadecuada, una infancia traumática, pueden haber sido el origen de un problema que haya determinado que **los sentimientos y las emociones** sean considerados como **algo peligroso que conviene ocultar.**

Ahora bien, también hay personas de **naturaleza muy reservada,** que no toleran que nadie, ni aun su cónyuge, penetren en ciertos ámbitos de su intimidad; y, si somos sensibles y respetuosos, tenemos que **aceptar** su manera de ser, y no coaccionar su voluntad.

Un gran dilema

Esto sitúa al cónyuge bien predispuesto ante un dilema: Su pareja necesita una atención y un cariño especiales, pero cuando trata de ofrecérselos, obtiene una reacción negativa. Entonces se siente como si estuviera dando cabezazos contra una pared.

¿Qué se puede hacer cuando la relación se ha deteriorado hasta tal punto, y una de las partes siente que ya no puede resistir más?

En nuestra sociedad muchas personas, especialmente mujeres, llegan a semejante situación.

Se obsesionan con la idea de lograr una estilo de comunicación profundo, íntimo y personal.

En su *infructuosa* lucha por conseguir un **matrimonio** ideal, o más bien *idealizado,* con intimidad insuperable, sin ningún tipo de reservas, acuden en busca de ayuda de terceras personas; o bien se sienten impulsadas a leer libros de psicología conyugal, a asistir a charlas o cursos sobre el tema, o bien a consultar con algún psicólogo o consejero matrimonial.

Y llega un momento en que creen haber agotado todas las posibilidades de lograr su objetivo.

Sus esfuerzos, en un buen número de casos, no producen más que silencio, hostilidad y enfrentamientos.

No hay nada que les dé resultado.

Se hallan ante un cónyuge que no puede comunicarse, o que no quiere hacerlo.

Esta búsqueda desesperada para encontrar el modo de llegar hasta un cónyuge difícil puede afectar a ciertas mujeres, e incluso a más de un caballero, en su equilibrio, así como en su salud física, mental y espiritual.

Algunas personas que padecen una situación de este tipo se tornan irritables u hostiles, o incluso caen en severas depresiones. Otras enferman físicamente, sufren insomnio, o inhibición del deseo sexual (IDS).

Las consultas a médicos, psiquiatras y consejeros, juntamente con los medicamentos prescritos, no parecen dar resultado.

¿Soluciones?

A quienes se hallan casados con un cónyuge realmente difícil, se les suele aconsejar que apliquen alguno de estos métodos:

1. **Separarse** de su cónyuge.

2. **Cambiar de cónyuge,** con la esperanza de que el otro le ofrezca lo que anhela.

3. **Seguir** la rutina de siempre, **sin** experimentar **ningún cambio,** y continuar soportando la situación.

4. **Modificar el comportamiento y ajustar las expectativas,** de modo que no se sienta tan frustrado(a), engañado(a) o resentido(a).

Análisis de las opciones

Las **dos primeras** opciones son, en primera instancia, las elecciones más **inmaduras.**

La **huida del problema** puede adoptar muchas formas: un alejamiento literal vagando de un lugar a otro, o quizá se manifieste con una relación extramatrimonial. En otros casos el refugio es el mutismo, el alcohol, adicción a los tranquilizantes o las drogas, el juego, la televisión, o la depresión.

Pero en realidad resulta **imposible escapar de uno mismo.**

Y los problemas no se resuelven realmente más que encarándolos de frente.

Elegir la **tercera** alternativa exige que uno se arme de **valor y resignación,** intente poner buena cara al mal tiempo, y siga soportando. Pocos van a enterarse de lo terrible de su situación. De manera que disimula en presencia de los demás, mientras soporta una relación conyugal deteriorada.

Millones de parejas han elegido esta tercera vía, en lugar de **enfrentar** las deficiencias personales, y **corregirlas en la medida de lo posible.**

La **cuarta** opción –reconsiderar las expectativas y modificar el comportamiento– puede que no sea la más fácil, pero sí es **la más madura** de las cuatro, y la que puede proporcionar **resultados mejores y más duraderos.**

Si alguien desea que su relación marital mejore, tendrá que ser él mismo, o ella misma, quien inicie el cambio, y quien ponga los medios y la acción necesarios para lograrlo.

Algunas damas se quejan de tener que ser ellas quienes trabajen por la mejora en las relaciones y quienes inicien el cambio, pero el hecho es que las mujeres suelen ir diez pasos por delante de los hombres cuando se trata de edificar una relación.

Así que de nada vale malgastar tiempo o energía en sentirse solas en esa lucha.

Salomón nos recuerda en el Libro de Proverbios que «*la mujer sabia **edifica su ca-***

sa; la insensata con sus manos la derriba» (14: 1).

Algunas recomendaciones

A continuación ofrecemos algunos consejos para mujeres u hombres desesperados:

No es algo personal

En la mayor parte de los casos, el silencio, el enojo o la hostilidad de su cónyuge, no están dirigidos de modo específico contra usted.

Casi seguro que su cónyuge reaccionaría de la misma forma si estuviera casado con otra persona.

Dicho de otro modo, los problemas de su cónyuge **se originan *en él mismo o en ella misma,*** en sus propias circunstancias, y no en usted.

La comprensión de esto, aunque no modifique nada directamente, puede variar los sentimientos de usted mismo(a) en relación con el problema, porque comprenderá que su cónyuge está actuando así con usted, no por premeditada maldad, sino debido a antiguos traumas emocionales que sufrió y que no ha podido superar. Considérelo pues, como lo que es, una **víctima** de las circunstancias, y quizá también de sí mismo.

No forzar la situación

Resulta tan **inútil *obligar*** a alguien **a comunicarse,** que intentarlo es un remedio peor que la propia "enfermedad" de la incomunicación.

Además, nadie tiene derecho a obligar a quien no desea comunicarse a que lo haga, y menos en la intimidad de la vida marital.

Con ello, lo único que conseguiría es que la otra parte se pusiera todavía más a la defensiva, ofreciendo si cabe mayor resistencia al cambio.

Pero uno, con su forma de hablar y de actuar, siempre puede favorecer la creación de una mejor y más positiva atmósfera, que facilite una futura comunicación, si alguna vez el miembro silente de la pareja decide abrirse.

A todos nos llega algún problema frente al que nos sentimos impotentes. Cuando eso nos suceda, debemos buscar apoyo en alguien en quien realmente podamos confiar. Los creyentes tienen la enorme ventaja de poder acudir al Todopoderoso.

Aceptar al cónyuge tal como es

Si su cónyuge perdiera una mano o una pierna en un accidente, usted aceptaría su impedimento, y lo seguiría amando de todos modos.

Pues su cónyuge sufre un grave impedimento, o una carencia; pero de tipo emocional o afectivo.

No puede comprender las necesidades sentimentales y afectivas que usted tiene, ni está dispuesto a satisfacerlas.

Por ello, trate de aceptar la realidad de la situación, y *resuelva* amarlo de todos modos. *Acéptelo* como lo que es, una persona no comunicativa o con impedimentos para relacionarse adecuadamente con los demás.

Mi responsabilidad como esposo o esposa, no es convencer a mi pareja de sus faltas e imperfecciones, y de que yo estoy en lo acertado y correcto, sino **aceptarlo,** a él o a ella, **tal como es** aquí y ahora.

Recuerde que el **amor genuino,** el realmente generoso y desinteresado, es el **mayor poder** que podamos poner en marcha los seres humanos, y el único capaz de derribar todas las barreras de incomprensiones e incomunicación.

En cambio, la continua falta de aceptación, lo único que conseguirá es afirmar más todavía, al cónyuge hostil, en su resistencia a modificar su conducta.

Seguro que algo bueno tiene

«En lugar de prestar atención a su incapacidad de satisfacer mis necesidades, y a los enormes problemas que tenemos los dos, voy a intentar concentrarme en las cosas buenas *que él, o ella, tiene.»*

»¿Es trabajador(a)? ¿Se preocupa y lucha por la buena marcha financiera del hogar?

»¿Me es fiel?

»¿Es buen padre, o buena madre?»

¿No fueron algunas de esas virtudes las que hicieron que usted se enamorara de él, o de ella?

Y pueden ser las que consigan que se reenamore.

No hay que perder el control

El propio silencio de usted, ante la hostilidad o rudeza de su difícil marido, o el desprecio de su resentida esposa, puede resultar tan nocivo y negativo como la desconfiada reserva de él o de ella.

La depresión, irritación, ansiedad, preocupación, resentimiento e indefensión, que usted mismo(a) pueda sentir o sufrir, no son sino obstáculos para resolver el problema.

*«*Yo *tengo que asumir la responsabilidad de mis propias reacciones. Así que* me propongo, *de ahora en adelante, hablar,* actuar y reaccionar *de la* forma más positiva *posible.»*

Ponerlo por escrito

Cuando uno tiene necesidad de expresar sus pensamientos y sentimientos, resulta de gran utilidad escribirlos en un **diario.**

Así se consigue exteriorizarlos, y con ello se alivia la tensión. Es mucho mejor que andar contándolo por ahí a según quien.

Las palabras escritas sobre el papel no hieren a nadie, y si después no nos gusta lo que hemos escrito en privado, pues se arranca la hoja y se quema.

Desarrollar sistemas paralelos de apoyo

Desarrolle relaciones de apoyo con personas interesantes de su mismo sexo.

A través de estas amistades, podrá suplir su necesidad de comunicarse. Así cubrirá en parte las carencias de la relación con su cónyuge, y dejará de exigirle que cambie.

Derecho a disfrutar

A pesar de los problemas hay que dedicar energías a llevar a cabo un pasatiempo favorito, o bien a desarrollar nuevos intereses que le resulten a usted gratificantes.

Esta diversificación de la atención nos alejará de las necesidades insatisfechas, a la vez que ayuda a olvidar por un tiempo los problemas, y a restaurar las heridas que nuestra autoestima haya sufrido.

¡Qué dura es la soledad de dos en compañía! Para romperla es necesario que ambos miembros de la pareja busquen actividades para llevarlas a cabo en común (no distintas y simultáneamente como en esta fotografía). No hay nada que pueda vincular más y mejor a una pareja, que realizar actividades en colaboración, con un común y placentero propósito.

"Aunque no es lo que más me gusta... me puede interesar"

Las mujeres necesitan, y por eso exigen, un nivel de comunicación personal, sentimental y afectiva, profundo.

Dialogar sobre deportes, el valor de las acciones en la bolsa, el trabajo, política o deportes, o las prestaciones del automóvil último modelo, no son, por lo general, sus temas preferidos de conversación.

Sin embargo, esas son precisamente las cuestiones que, por lo general, parece que interesan más a los caballeros.

A las damas, cuando se les pregunta sobre este punto, manifiestan que sus maridos no suelen mostrarse dispuestos a hablar sobre los asuntos que agradan más a las mujeres; porque no les interesa, carecen de información suficiente, o no quieren conversar sobre asuntos que ellos perciben como triviales o carentes de valor.

Sin embargo, toda mujer espera que su compañero se interese y converse con ella precisamente sobre cuestiones que **a un caballero *le parecen* nimiedades.**

Conviene **involucrarse** en alguno, o mejor algunos, de los temas y asuntos favoritos de su marido, o de su esposa; con el fin de poder relacionarse en un **ámbito común de intereses.**

Mantenerse en forma

Numerosos estudios han demostrado que el ejercicio ayuda a vencer la depresión, a la vez que previene las recaídas.

Se puede comenzar caminando durante media hora, tres o cuatro veces por semana. Mientras se anda a buen paso, es necesario centrarse en pensamientos positivos y agradables. Eso reporta grandes beneficios, tanto en el plano físico como en el emocional y espiritual.

"¿Qué más puedo hacer?"

Si usted, apreciado lector o lectora, ha practicado la paciencia, la tolerancia, la comprensión y el perdón con un cónyuge problemático, puede ser que haya caído en el desánimo o la frustración si no ha observado ningún cambio positivo.

Cuanto más cariño y comprensión derrama sobre su cónyuge, tanto más egoísta, exigente y dominador parece tornarse él, o ella.

Quizá se pregunte por qué cuanto más da usted, tanto peor se ponen las cosas... O al menos eso es lo que parece.

Si esta es una descripción aproximada de lo que le ha estado sucediendo a usted en su caso, ha llegado el momento en que conviene que usted reconozca, y asuma, que existen ciertos desórdenes de la personalidad que no responden a los métodos comunes de interacción.

Algunos de estos trastornos e impedimentos, deben ser tratados por un profesional: médico, psicoterapeuta o consejero espiritual.

La última advertencia

Si usted ha seguido las sugerencias previas sin avances sustanciales, tal vez le convenga una solución radical.

Para ello elabore una **lista** de los rasgos de **conducta** que usted no piensa seguir aceptando de su cónyuge, señalando los cambios necesarios para que su relación pueda continuar.

Escriba esto en forma de nota o de carta y déjela en un sitio donde su cónyuge pueda encontrarla. Si *después* **de leerla, se lo reprocha,** *váyase* **a otra habitación** para no escuchar sus ataques.

En el caso de *Desesperada* (ver carta, pág. 163), si su marido la sigue hostigando, quizá lo mejor sea actuar ya del siguiente modo:

Primero disponga lo necesario para que sus hijos puedan continuar recibiendo sus cuidados y la debida protección. Entonces sitúese **fuera del alcance** de su marido, e incluso si hace falta *váyase de casa,* por un *breve* **periodo** de tiempo.

Si entonces él la llama a usted por teléfono, en plan impositivo o prepotente, ridiculizando o despreciando el contenido de su nota y de las exigencias en ella expuestas por usted, simplemente cuelgue.

No se obsesione si usted se encuentra asustada e incluso temblorosa.

Cada vez que él cuestione los cambios que usted le exige, su respuesta ha de ser siempre **la misma:** Que usted **se va a apartar de él** por un *corto* **periodo** de tiempo.

Ahora bien, *asegúrese* todas las veces de que a él, y a la autoridad competente (juez, policía) si procede, les haya quedado bien claro que usted **no** pretende marcharse **definitivamente,** para que no pueda ser acusada de abandono de hogar.

No suspenda su alejamiento *ni lo* **aplace** siquiera por una vez. Mantenga esta actitud el tiempo que sea necesario, hasta que él reconozca que va en serio. Cuando usted empiece a **tomarse seriamente** *a usted misma* y defienda sus derechos, es muy probable que él también la tome en serio.

Recuerdo una señora que indicó claramente cuáles eran los cambios que deseaba para su matrimonio. Además, insistió en que ella y su esposo visitaran a un consejero profesional. Su marido dispuso de una semana para decidirse. Ella oraba diariamente al tiempo que se mantenía firme, dejándolo solo cada vez que él la importunaba. Transcurrida la semana, el esposo aceptó visitar al consejero. El matrimonio iba así a gozar de una nueva oportunidad.

En determinadas circunstancias, puede resultar conveniente una separación temporal. Lo deseable es que se realice de mutuo acuerdo. El alejamiento produce un cambio de perspectiva, que puede ayudar a resolver algunos conflictos conyugales.

rio. Y el que se casa con la divorciada, comete adulterio» (S. Mateo 5: 32).

Aunque Cristo admite el divorcio en caso de infidelidad, no es menos cierto que **lo permite,** pero **no lo ordena.**

Otros casos de problemas matrimoniales pueden incluir hechos tan graves como el incesto, la homosexualidad, el lesbianismo, el abandono del hogar, la negación del sustento económico, la incapacidad mental y los abusos físicos o sexuales. Todos ellos requieren atención individualizada y consejo profesional.

La solución divina

Quizá se esta usted debatiendo en medio de problemas aparentemente insolubles, que están minando su resistencia. Quizá cree haber agotado ya todos los medios para resolverlos. Se encuentra en un callejón sin salida.

Usted ha llegado al agotamiento. Se ve incapaz de seguir luchando por más tiempo. La soga se ha puesto tan tirante que está a punto de romperse.

Si usted no ha probado todavía esta solución, recurra al Poder Superior, al mejor Psicólogo, el único que posee sabiduría divina.

El Creador es al único a quien usted puede volverse para obtener consejo, consuelo y esperanza para el futuro. Jesucristo nos invita a que acudamos a él cuando nuestras cargas nos resulten insoportables:

«*Venid a mí **todos** los que estáis fatigados y cargados, y **yo os haré descansar**»* (S. Mateo 11: 28).

El Consejero de toda confianza

¿Se siente usted abrumado? ¿La carga le resulta insoportable?

La infidelidad y otros problemas

Tal vez sus dificultades matrimoniales vayan más allá de los problemas de comunicación. E incluyan faltas graves, como la infidelidad.

Los cónyuges tienen todo el **derecho** a esperar una estricta **fidelidad,** incluso en estos tiempos de valores trastocados y cambiantes.

Maridos y mujeres están en su **derecho** a obtener el **divorcio** de un cónyuge que ha adulterado, pero un sincero autoexamen podría salvar muchos matrimonios que incluso hayan llegado a ese extremo.

En todos los países desarrollados la infidelidad es razón suficiente para el divorcio, y si es usted creyente, no olvide que Jesucristo permitía el divorcio en caso de infidelidad: «*Yo os digo, el que se divorcia de su esposa, a no ser por fornicación, la expone a cometer adulte-*

La vida es esperanza. Hay que mirar siempre hacia adelante y hacia arriba. El pasado, dulce o amargo, siempre queda atrás, y no debe impedirnos vivir el presente y confiar en el futuro. La grandeza del verdadero amor, según el apóstol San Pablo es que «todo lo cree, todo lo espera, todo lo soporta» (1 Corintios 13: 7), y por eso es capaz de superarlo todo... ¡todo!

¿Anhela descanso y paz?

Entonces deposite todas sus cargas sobre Cristo. Háblele como a un amigo de toda confianza. Él es además el mejor Consejero de todo el universo.

Jesucristo además añade: «*Cargad mi yugo y aprended de mí, que soy sencillo y humilde: encontraréis vuestro respiro...*» (S. Mateo 11: 29, *Nueva Biblia española*).

¡Imagine usted!: Puede acudir a la consulta del *más experto* **Consejero** jamás conocido... ¡Recibir aliento y orientación del mejor y *más grande* **Médico y Maestro** de todos los tiempos! Y aprender de él, que está siempre disponible para cualquier consulta.

Usted no ha de temer que él no vaya a prestarle la debida atención. Él nos dice de sí mismo que es 'sencillo'. Y cuando nos sentimos realmente mal, nada necesitamos tanto como sus cálidas palabras de aliento.

Si los más oscuros nubarrones se ciernen sobre usted y soporta conflictos que resultan humanamente insolubles, recuerde que hay **Uno** que *nos invita* a echar «*toda nuestra ansiedad sobre él, porque él cuida de nosotros*» (S. 1 Pedro 5: 7). Es Alguien a quien usted no puede molestar en ningún momento. Si tiene contado hasta el número de los cabellos de nuestra cabeza (S. Lucas 12: 7), ¿cómo iba ser indiferente a las necesidades de usted cuando precisamente está pasándolo peor. Es un Padre «*compasivo y misericordioso*», como dice el apóstol Santiago.

Cuando usted le expone sus problemas, se siente conmovido con cada una de sus penas y angustias. Cuéntele todo que le preocupa. Nada es tan pesado que él no pueda cargar con ello.

Recuerde: Él es quien gobierna el universo entero. Nada que afecta a la paz y el bienestar de usted, por insignificante que sea, le resulta indiferente. Ningún mal trago por el que usted esté atravesando le parece tan oscuro o desagradable como para no hacerse cargo de él.

¡No hay dificultad tan complicada que él no pueda resolverla!

Ninguna oración sincera le pasa inadvertida a nuestro Padre celestial. Él se toma un interés inmediato por todo aquel que pronuncia una oración sincera. Él *«sana los corazones destrozados, venda sus heridas»* (Salmo 147: 3, Nueva Biblia española).

Nuestro Dios posee la facultad de poder comunicarse íntimamente con cada uno de nosotros. Él nos escucha a cada cual de forma individual, **como si no existiera nadie más** sobre la tierra que demandase su atención. ¡Ojalá tuviéramos nosotros una capacidad similar!

Muchas familias han venido a verme con tremendos problemas. A menudo se trata de matrimonios que en algunos casos ya han probado las más diversas soluciones humanas. Pero cuando estas parejas se dirigen al Todopoderoso, cuando se vuelven a Jesucristo como al **Reparador de Situaciones Límite,** y se someten a él para depender de la sabiduría divina, entonces encuentran la paz en medio de la tormenta.

Pedir a a lo Alto sabiduría para resolver un problema puede resultar algo nuevo para usted. Pero **el mejor momento** para empezar es **justo ahora.** Si usted no sabe cómo hacerlo, permítame ayudarle por medio de esta sencilla oración que le servirá de modelo:

«Oh, Padre celestial, tú conoces las dificultades que estoy teniendo con mi cónyuge. *He probado todos los medios. Pero rechaza cooperar. Estoy a punto de rendirme. No puedo seguir en estas condiciones. Es la situación más difícil que jamás he afrontado. Todo esto me abruma, y no tengo a nadie más a quien recurrir sino a ti. Tengo que hacerlo ahora, porque ya soy capaz de soportar esta carga por más tiempo. Solo tu poder me puede dar fuerzas y apoyo. Tú puedes sostenerme. Tú puedes ayudarme a no perder el control y abandonar. Deseo confiar en ti para la solución de este problema. Escucha mis oraciones y dame la paz. Me entrego a tu voluntad y te pido un remedio para esta situación insoportable. Gracias, Señor, por escuchar esta oración.»*

Usted puede tener la seguridad de que su oración sera atendida y debida y oportunamente respondida. El mismo Jesucristo lo prometió:

*«Esta es la confianza que tenemos en él, que si pedimos algo conforme a su voluntad, él nos oye. Y si sabemos que nos oye en cualquier cosa que pidamos, **sabemos que tenemos lo que le hemos pedido»** (1 S. Juan 5: 14-15).

Alguien dio este sabio consejo: **«¿Desea usted tener menos preocupaciones? Entonces dedique más tiempo a la oración.»**

La mejor manera de terminar este libro es aconsejarse a usted que se encomiende al Poder superior para resolver lo que usted juzga insoluble. Ahora depende de usted. Así que usted puede seguir así como está, o mirar hacia arriba.

Usted puede decir: *«Señor, yo no puedo»* o **«Señor, quiero».**

Quizá le parezca superior a sus fuerzas, pero puede conseguir un **nuevo estilo de vida** mucho mejor y más gratificante si abre su vida al Poder divino.

Ahora es el momento

ESTOY escribiendo estas palabras de despedida inmediatamente después de que nuestros hijos, con sus respectivos cónyuges, y todos nuestros nietos, hayan estado aquí en casa de visita. Han sido momentos emotivos para todos nosotros, porque nuevamente hemos podido estar juntos.

Por toda la casa había niños. En cada rincón encontrábamos cariño, afecto y sonrisas.

Ayer todo era bullicio.

Pero hoy todo aparece tremendamente silencioso.

Ya se fueron todos.

Las habitaciones están desiertas, y, por cierto, no tan limpias y ordenadas como de costumbre.

En los cristales veo marcas de dedos infantiles.

En la cocina han quedado, regadas por el suelo, palomitas de maíz, y un osito de fel-

«Siempre dispuestos a escuchar, prudentes cuando nos toque hablar, y no prestos a enojarnos.»

SANTIAGO 1: 19
paráfrasis

SIN RESERVAS. EL ARTE DE COMUNICARSE

pa, olvidado en los trajines y apuros de los últimos momentos previos a las despedidas.

Sonrío.

Esto me hace bien.

Es bueno que haya desorden de vez en cuando.

Me acerco al sofá y enderezo los almohadones.

¡Cuánto quiero a nuestros hijos... y a sus consortes! ¿Y por los nietos? Eso más que cariño, ¡es pasión!

Me siento orgullosa de todos ellos.

Pero tengo que confesar que también siento preocupación.

¿Les dimos un buen ejemplo Harry y yo? ¿Están preparados para hacer frente a las complejidades, y las crisis, que inevitablemente van a surgir en la vida matrimonial de cada uno de ellos?

Me siento frente al ordenador.

Este libro ya casi está terminado. Daré a luz otro "hijo".

Me resbalan por las mejillas unas lágrimas. En parte por el agotamiento de estos últimos días, y en parte por el parto literario.

¡Hay tanto de mí misma en estas páginas!

He procurado guiar al lector, o lectora, paso a paso, hacia una relación más estrecha con su cónyuge.

¿Habré logrado mi objetivo?

¿Podrá usted, querido amigo lector o amiga lectora, comunicarse mejor con su pareja como resultado de todo esto que he escrito?

¿Podrá relacionarse con su cónyuge de modo más satisfactorio gracias a este libro?

¿Encontrará más intimidad, o se hará el propósito de conseguirla?

A alguien se le ocurrió que deberíamos aprender casándonos varias veces, con personas diferentes. Tendríamos que divorciarnos y buscar una nueva pareja que se adaptara a nuestros últimos cambios...

Claro que también podemos adaptarnos nosotros a las modificaciones que se van produciendo.

Experimentar, con éxito, los cambios en una relación interpersonal íntima única, puede ser tan interesante como difícil; pero es mucho mejor, y menos doloroso, que los cambios que provoca un divorcio.

Finalmente, el mensaje que deseo dejarle, querido lector, o querida lectora es:

Dedique tiempo *para dialogar con su pareja acerca de cómo desea que funcione su relación conyugal.*

No espere.

Hágalo ahora.

Compartan la experiencia adquirida con la lectura de esta obra.

Tendemos a **postergar los asuntos importantes** para **atender los** que nos parecen **más urgentes**.

Actuamos como si tuviéramos la seguridad de poder arreglar las cosas más tarde, hacerlo mejor después; cuando dispongamos de más tiempo, o de más tranquilidad, o incluso de más dinero.

Ninguna excusa puede cambiar el hecho de que *ahora es el mejor momento* para empezar a descubrir el gozo de la intimidad en su matrimonio.

No se presentará otra ocasión mejor que esta para mejorar la comunicación mutua.

Algunas parejas se enredan tanto en el afán de vivir, que postergan, o incluso olvidan, su relación conyugal.

Esos matrimonios viven juntos, pero no aman juntos.

Olvidan acariciarse, escucharse mutuamente, entregarse el uno al otro.

No permita que esto suceda en su vida conyugal.

Ojalá este libro se convierta en un punto de partida para un firme compromiso hacia la intimidad plena.

Puede usted estar segura, o seguro, de que esta sería la mejor recompensa para la autora.

TESTS

AUTOEVALUACIÓN

Hemingway dijo: «Se necesitan dos años para aprender a hablar, y sesenta para aprender a callar.»

Permitir que hablen los demás es un ejercicio básico, aunque no excesivamente practicado, de **respeto y tolerancia.**

Pero lo importante es que, cuando guardamos silencio, sepamos escuchar atentamente; con el fin de captar cabalmente los mensajes que los demás nos transmiten. Así podremos llegar a **comprender y aceptar** a todas las personas con las que convivimos *cada vez mejor.*

La mayoría de los **conflictos** humanos se podrían evitar si se **escucharan con interés y atención** las razones del otro, en lugar de simplemente limitarnos a **oírlas.**

Conviene que conozcamos nuestra **capacidad real de escuchar y de aceptar** a los demás tal como son; sobre todo en el caso de nuestra pareja.

En la medida que aumentemos nuestra capacidad de y de escucha atenta y solícita, comprobaremos, quizá con sorpresa, que nos vamos encontrando mejor capacitados para **expresar apropiadamente nuestros sentimientos y pensamientos,** y, en consecuencia, somos *mejor comprendidos y* **aceptados.**

¿Cuál es mi grado
de aceptación de mi pareja?

Echemos un vistazo a su "cociente de aceptación". Valore las
siguientes afirmaciones de acuerdo con la escala de la
derecha. Cuando haya completado esta página, medite
cuidadosamente acerca de sus actitudes hacia su pareja. ¿Se
trata de actitudes positivas o negativas? Empiece desde ahora
mismo a reemplazar los pensamientos negativos por otros
más positivos.

Probablemente no
No estoy seguro
Probablemente sí
Sin duda así es

1. Dedico más tiempo a observar las cualidades positivas de mi pareja
que a criticarla en mi mente. ① ② ③ ④ ⑤

2. Evito corregir los pequeños detalles de la conducta de mi pareja
que me molestan. ① ② ③ ④ ⑤

3. Evito hablar acerca de mi pareja de manera despectiva a sus
espaldas. ① ② ③ ④ ⑤

4. Soy capaz de cumplir con las normas de conducta que espero
observe mi pareja. ① ② ③ ④ ⑤

5. Soy capaz de aceptar con actitud positiva las diferencias de opinión
que no hemos sido capaces de resolver. ① ② ③ ④ ⑤

6. Puedo rechazar el comportamiento inaceptable de mi pareja sin
rechazar a mi pareja. ① ② ③ ④ ⑤

7. Puedo aceptar y convivir con las constantes imperfecciones que
exhibe mi pareja sin que él/ella deje de gustarme. ① ② ③ ④ ⑤

8. Reconozco que puedo hacer algo más en algunos de nuestros
problemas aparentemente insolubles. ① ② ③ ④ ⑤

9. Evito presionar a mi pareja para que se conforme a mis criterios y
poder así aceptar más fácilmente su conducta y actitudes. ① ② ③ ④ ⑤

10. Evito disgustarme cuando mi pareja muestra gustos y aversiones
diferentes de los míos. ① ② ③ ④ ⑤

11. Evito sufrir resentimiento si mi pareja enfrenta los problemas de
modo diferente que lo haría yo. ① ② ③ ④ ⑤

12. En vez de transformar a mi pareja, estoy dispuesto/a a intentar
modificarme a mí mismo/a y mis reacciones específicas. ① ② ③ ④ ⑤

13. Puedo practicar sistemáticamente la aceptación sin perder mi
individualidad personal. ① ② ③ ④ ⑤

14. Suelo expresarle verbalmente mi aceptación a mi pareja. ① ② ③ ④ ⑤

Una vez completado, comparta sus respuestas con su pareja. Discutan y analicen los aspectos
que requieran algún cambio. Y vaya a la página 180 para obtener su puntuación.

¿Qué tal me comunico?

Ahora vamos a determinar su actual nivel de comunicación con su pareja. Escoja la respuesta que mejor describa cómo se encuentra la relación con su pareja en el momento presente.

Nunca · A veces · Casi siempre · Siempre

1. Cuando discrepo con la opinión de mi pareja, se lo digo de forma respetuosa. ① ② ③ ④

2. Mi tono de voz es agradable y no áspero ni irritante. ① ② ③ ④

3. Cuando escucho a mi pareja no olvido mirarle a los ojos. ① ② ③ ④

4. Me siento libre para compartir mis más íntimos pensamientos con mi pareja. ① ② ③ ④

5. Evito interrumpir a mi pareja cuando habla. ① ② ③ ④

6. Cuando nos comunicamos, mis modales revelan que respeto a mi pareja. ① ② ③ ④

7. Animo a mi pareja a analizar todos los días sus preocupaciones y experiencias conmigo. ① ② ③ ④

8. Si me siento irritado/a o enojado/a con mi pareja, soy capaz de declarar mis sentimientos abierta y francamente, pero con la debida amabilidad. ① ② ③ ④

9. Cuando mi pareja comparte conmigo sus preocupaciones sobre un problema, puedo escucharle con simpatía, pero sin tratar de resolver el problema. ① ② ③ ④

10. Analizo cuidadosamente las expresiones faciales y el lenguaje corporal de mi pareja antes de extraer conclusiones. ① ② ③ ④

11. Evito decir «cállate» como un arma o una forma de control cuando estoy irritado/a o enojado/a. ① ② ③ ④

12. Estoy satisfecho/a con el grado de comunicación que en la actualidad reina en nuestro hogar. ① ② ③ ④

13. Procuro crear una atmósfera libre de críticas y juicios a fin de que mi pareja pueda compartir sus sentimientos conmigo. ① ② ③ ④

14. Cuando se suscita una discusión, soy capaz de argumentar los pros y los contras sin recurrir al uso de descalificaciones u otros hábitos destructivos. ① ② ③ ④

15. Todas las confidencias que mi pareja me cuenta las mantengo en el más estricto de los secretos. ① ② ③ ④

Ahora comparta sus respuestas con su pareja comprobando si ella está de acuerdo con la evaluación que usted ha hecho de usted mismo/a. Muéstrese dispuesto/a a efectuar cambios donde se requieran. Y vaya a la página 180 para obtener la puntuación.

¿Qué tal comprendo a mi pareja?

Responda a este autoexamen relativo al grado en que comprende a su pareja, marcando el número que refleje más exactamente sus puntos de vista.

Nunca · A veces · Casi siempre · Siempre

1. Cuando mi pareja está desanimada o de mal humor, le permito tomarse su tiempo para analizar sus sentimientos. ① ② ③ ④

2. Tengo una amplia variedad de amigos y actividades y no espero que mi pareja supla todas mis necesidades emocionales. ① ② ③ ④

3. Comunico verbalmente a mi pareja mis necesidades emocionales de modo coherente, a fin de que no tenga que adivinar cuáles son. ① ② ③ ④

4. Suelo percatarme de cuándo mi pareja se encuentra bajo una aguda presión laboral, y suelo proporcionarle el apoyo necesario en tales ocasiones. ① ② ③ ④

5. Permito y estimulo a mi pareja para que desarrolle al menos una de sus aficiones favoritas, fuera del hogar y al margen de mi participación directa. ① ② ③ ④

6. Reconozco que ambos sexos difieren a veces en sus patrones comunicativos, y procuro comprender las diferentes necesidades comunicativas de mi pareja. ① ② ③ ④

7. Contribuyo a los sentimientos de autoestima de mi pareja por medio de la expresión genuina de mi aprecio y demostrándole mi aprobación. ① ② ③ ④

8. Acepto que muchas de las asperezas que surgen en nuestra relación son debidas a las diferencias naturales entre los sexos. ① ② ③ ④

9. En el presente, procuro suplir las necesidades emocionales de mi pareja con mi mejor capacidad de comprensión. ① ② ③ ④

10. Creo que si mi pareja se encontrara bajo los efectos de un desánimo extremo, se volvería a mí en busca de comprensión. ① ② ③ ④

11. En una escala de 1 a 10, mi pareja satisface mis necesidades hasta un nivel de (marque su elección):
    ① ② ③ ④ ⑤ ⑥ ⑦ ⑧ ⑨ ⑩

12. En una escala de 1 a 10, satisfago las necesidades de mi pareja hasta un nivel de (marque su elección):
    ① ② ③ ④ ⑤ ⑥ ⑦ ⑧ ⑨ ⑩

Una vez completado el cuestionario, comparta sus respuestas con su pareja. Discutan y analicen los aspectos que requieran algún cambio. Y vaya a la página 180 para obtener la puntuación.

¿Soy un buen amante?

Por medio de este autoexamen puede usted comprobar qué tal amante es usted. Escoja la respuesta que mejor lo describa en el momento presente. Y vaya a la página 180 para obtener su puntuación.

	Falso	Más bien cierto	Seguramente	Verdadero
1. Me esfuerzo conscientemente en ser un/a amante romántico/a y creativo/a.	①	②	③	④
2. Cuando mi pareja ocasionalmente ignora o rechaza mis avances sexuales, soy capaz de aceptarlo sin disgustarme o enojarme.	①	②	③	④
3. Estoy satisfecho/a con la cantidad de tiempo que dedicamos actualmente al juego previo cuando hacemos el amor.	①	②	③	④
4. Si mi pareja y yo nos encontráramos ante un problema sexual, me sentiría cómodo/a discutiéndolo abiertamente con ella.	①	②	③	④
5. Me considero una persona sexualmente sensible; por tanto, soy una persona sexualmente sensible.	①	②	③	④
6. Cuando deseo emprender algo nuevo en nuestra relación sexual, me siento libre para sugerirlo.	①	②	③	④
7. Cuando disfruto de una experiencia sexual particularmente satisfactoria, se lo hago saber a mi pareja.	①	②	③	④
8. Me siento plenamente cómodo/a al comentar mis preferencias sexuales con mi pareja.	①	②	③	④
9. Me siento satisfecho/a con el grado de contacto no sexual que hay actualmente en nuestra relación fuera del dormitorio.	①	②	③	④
10. Me siento cómodo/a y libre para demostrar con naturalidad mi afecto a mi pareja delante de los niños.	①	②	③	④
11. En la actualidad, tengo una actitud realista, positiva y saludable en relación con la experiencia sexual.	①	②	③	④
12. Tengo actitudes positivas respecto a mi peso y mi imagen corporal.	①	②	③	④
13. He llevado a cabo un esfuerzo consciente para aumentar mis conocimientos en materias sexuales y mantener una información suficientemente actualizada.	①	②	③	④
14. Soy romántico/a con mi pareja fuera del dormitorio tanto como lo soy dentro del mismo.	①	②	③	④
15. Si tuviera un problema sexual que no pudiera ser resuelto por medio de la discusión con mi pareja, buscaría consejo profesional.	①	②	③	④

Tablas de evaluación

Evalúese sumando las respuestas a cada test
y consultando la tabla correspondiente

Puntuación del test "¿Cuál es mi grado de aceptación de mi pareja?" (pág. 176)

40 - 48　Su "cociente de aceptación" es excelente.

31 - 39　Está usted por encima de la media en capacidad de aceptación.

22 - 30　Su capacidad de aceptación está en el promedio. Esfuércese por mejorar en aspectos en los que parece necesario un avance a fin de lograr relaciones más cálidas y saludables.

1 - 21　Necesita usted ayuda para aprender a aceptar a su pareja tal como es, si desea una relación cálida y armoniosa. Examine cuidadosamente cada aspecto que requiera mejorarse y actúe con vistas a convertirse en una persona más positiva y motivadora.

Puntuación del test "¿Qué tal me comunico?" (pág. 177)

52 – 60　Dispone usted de una amplia variedad de técnicas para la comunicación excelente.

44 – 51　Está usted por encima de la media en aptitudes comunicativas.

36 – 43　Su nivel comunicativo está en el promedio. Esfuércese por mejorar en aspectos en los que parece necesario un avance a fin de lograr relaciones más cálidas y saludables.

1 – 35　Necesita usted una mejora en muchos aspectos de su comunicación, si desea una relación cálida y armoniosa. Examine cuidadosamente cada aspecto que requiere mejorarse. En la comunicación con su pareja, empiece a poner en práctica las técnicas recién adquiridas mediante la lectura de este libro. Así, pronto gozará de los beneficios de una comunicación exitosa.

Puntuación del test "¿Qué tal comprendo a mi pareja?" (pág. 178)

32 – 40　¡Está usted haciendo un gran trabajo de comprensión y apoyo a su pareja!

24 – 31　Progresa usted adecuadamente en la comprensión de su pareja y sus necesidades peculiares.

15 – 23　Se encuentra usted en un nivel medio de comprensión y apoyo a su pareja en relación con sus necesidades específicas. Esfuércese por mejorar en aspectos en los que parece necesario un mayor avance a fin de lograr relaciones más cálidas y saludables.

1 – 14　Necesita usted progresar en muchos aspectos para llegar a comprender las necesidades peculiares de su pareja y brindarle su apoyo. Examine cada aspecto que requiere mejorarse. Cuando ponga los cambios en práctica, usted podrá cimentar un apoyo más firme y estrecho.

Puntuación del test "¿Soy un buen amante?" (pág. 179)

52 – 60　Si ha sido usted completamente sincero/a en sus respuestas, entonces ha conseguido el "Premio al/ a la amante excelente".

44 – 51　Está usted claramente por encima de la media en sus conocimientos y técnicas amatorias. Siga luchando por llegar a la excelencia.

36 – 43　Está en el nivel medio en técnicas y conocimientos que se esperan de un/a "amante". Esfuércese por mejorar aspectos que requieran un avance a fin de lograr relaciones más cálidas y saludables. Consulte el capítulo 7, para avanzar en la mejora de sus relaciones.

1 – 35　Necesita usted ayuda específica en muchos aspectos a fin de lograr una vida sexual más íntima. Lea y estudie el capítulo 7, identificando los cambios que convendría aplicar a su relación. Discútalos con su pareja. Así, pronto se beneficiará de una vida sexual más cálida y gratificante.

BIBLIOGRAFÍA

ADLER, ROLAND B. - TOWNE, N. *Looking Out / Looking In,* 5th ed. New York: Holt, Rinehart & Winston, Inc, 1987.

AUGSBURGER, DAVID. *Caring Enough to Confront.* Ventura (California): Regal Books, 1973.

Existe edición en español: *¿Diferencias personales? ¡Enfréntelas con amor!.* Pennsylvania: Herald Press, 1985.

_____. *Caring Enough to Hear and Be Heard.* Ventura (California): Regal Books, 1982.

BACH, GEORGE R. - WYDEN, P. *The Intimate Enemy: How to Fight Fair in Love and Marriage.* New York: William Morrow and Company, Inc, 1969.

BACKUS, WILLIAM. *Telling Each Other the Truth.* Minneapolis: Bethany House, 1985.

Existe edición en español: *Dígase la verdad.* Minneapolis: Editorial Betania, 1983.

BUSTANOBY, ANDRE. *Just Talk to Me.* Grand Rapids (Michigan): Zondervan Publishing House, 1981.

CARLSON, DWIGHT L. *Overcoming Hurts and Anger.* Eugene (Oregon): Harvest House, 1981.

CLINEBELL, HOWARD J. AND CHARLOTTE. *The Intimate Marriage.* New York: Harper & Row Publishers, Inc, 1970.

DRAKEFORD, JOHN W. *The Awesome Power of the Listening Heart.* Grand Rapids (Michigan): Zondervan Publishing House. 1982.

FAIRFIELD, JAMES G.T. *When You Don´t Agree.* Scottdale (Pennsylvania): Herald Press. 1977.

FAST, JULIUS AND BARBARA. *Talking Between the Lines.* New York: Viking Press, 1979.

Existe edición en español: *Hablando entre líneas.* Barcelona: Editorial Kairós, 1980.

GOY, ROBERT W. - McEWEN, BRUCE S. *Sexual Differentiation of the Brain.* Cambridge (Massachusetts): MIT Press, 1980.

HOCKING, DAVID AND CAROLE. *Good Marriages Take Time.* Eugene (Oregon): Harvest House, 1984.

HUGGETT, JOYCE. *Creative Conflict.* Downer´s Grove (Illinois): Intervarsity Press, 1984.

JOY, DONALD M. *Bonding: Relationships in the Image of God.* Dallas (Texas): Word Inc, 1985.

_____. *Rebonding: Restoring Broken and Damaged Bonds.* Dallas (Texas): Word Inc, 1986.

KASSORLA, IRENE. *Putting It All Together.* New York: Hawthorne Publishing Company, 1973.

KLAUS, M. H. - KENNELL, J. H. *Parent-Infant Bonding,* 2nd edition. St Louis: C. V. Mosby Company, 1976.

KONNER, MELVIN. *The Tangled Wing: Biological Constraints on the Human Spirit.* New York: Holt, Rinehart & Winston, Inc, 1982.

LaHAYE, TIM. *Your Temperament: Discover Its Potential.* Wheaton (Illinois): Tyndale House Publishers, 1984.

LASSWELL, MARCIA - LOBSENZ, NORMAN M. *Equal Time*. Garden City (New York): Doubleday & Company, Inc, 1983.

MACE, DAVID R. *Close Companions*. New York: Continuum Publishing Company, 1982.

____. *Love and Anger in Marriage*. Grand Rapids (Michigan): Zondervan Publishing House, 1982.

McGILL, MICHAEL E. *The McGill Report on Male Intimacy*. New York: Holt, Rinehart & Winston, Inc, 1985.

McKAY, MATTHEW - DAVIS, MARTHA - FANNING, PATRICK. *Messages: The Communication Book*. Oakland (California): New Harbinger Publications, 1983.

MILLER, SHEROD - NUNNALLY, ELAM W. - WACKMAN, DANIEL B. *Alive and Aware*. Minneapolis: Interpersonal Communication Programs, Inc, 1975.

MILLER, SHEROD - NUNNALLY, ELAM W. - WACKMAN, DANIEL B.- FERRIS, ROGER. *Couple Workbook*. Minneapolis: Interpersonal Communication Programs, Inc, 1976.

MILLER, SHEROD - WACKMAN, DANIEL B - NUNNALLY, ELAM W.- SALINE, CAROL. *STRAIGHT TALK*. NEW YORK: NEW AMERICAN LIBRARY, 1981.

MISSILDINE, W. HUGH. *Your Inner Conflicts - How to Solve Them*. New York: Simon & Schuster, Inc, 1974.

MORRIS, DESMOND. *Intimate Behaviour*. New York: Random House, Inc, 1971.
Existe edición en español: *Comportamiento íntimo*. Barcelona: RBA Editores, 1994.

NIERENBERG, GERARD I. - CALERO, HENRY N. *Meta-Talk*. New York: Simon & Schuster, Inc, 1973.

OSBORNE, CECIL. *The Art of Understanding Your Mate*. Grand Rapids (Michigan): Zondervan Publishing House, 1970.
Existe ediciones en español: *Psicología del matrimonio. El arte de entender a tu media naranja*. Miami: Logoi, 1970 - Barcelona: Gráficas Manhattan, 1974.

PENNEY, ALEXANDRA. *Great Sex*. New York: G. P. Putnam's Sons, 1985.
Existe edición en español: *La perfección en el sexo*. Barcelona: Ediciones Folio, 1989.

____. *How to Make Love to Each Other*. New York: Berkley Publishing Group, 1982.

POWELL, JOHN. *The Secret of Staying in Love*. Valencia (California): Tabor Publishing, 1974.

____. *Why Am I Afraid to Tell You Who I Am?* Valencia (California): Tabor Publishing, 1969.
Existe edición en español: *¿Por qué temo decirte quién soy?* Santander: Sal Terrae, 1989.

____. *Will the Real Me Please Stand Up*. Valencia (California): Tabor Publishing, 1985.

QUBEIN, NIDO R. *Communicate Like a Pro*. New York: Berkley Publishing Group, 1983.

RICAHRDSON, JERRY - MARGULIS, JOEL. *The Magic Power of Rapport*. San Francisco: Harbor Publishing, 1981.

RUBIN, THEODORE ISAAC. *The Angry Book*. New York: Macmillan Publishing Company, Inc, 1969.

SAGER, CLIFFORD J. - HUNT, BERNICE. *Intimate Partners*. New York: McGraw-Hill Book Company, 1979.

SELL, CHARLES M. *Achieving the Impossible: Intimate Marriage*. New York: Ballantine Books, Inc, 1982.

SHAIN, MERLE. *When Lovers Are Friends*. New York: Bantam Books, Inc, 1978.

SHEDD, CHARLIE W. *Talk to Me*. Garden City (New York): Doubleday & Company, Inc, 1983.

SMALL, DWIGHT HERVEY. *After You've Said I Do*. Old Tappan (New Jersey): Fleming H. Revell Company, 1976.

SMALLEY, GARY - TRENT, JOHN. *The Language of Love*. Pomona (California): Focus on the Family Publishing, 1988.

SMEDES, LEWIS B. *How Can It Be All Right When Everything Is All Wrong?* New York: Harper & Row Publishers, Inc, 1982.

____. *Forgive and Forget*. New York: Pocket Books, Inc, 1984.

TANNEN, DEBORAH. *That's Not What I Meant: How Conversational Style Makes or Breaks Relationships*. New York: William Morrow and Company, Inc, 1986.
Existe edición en español: *¡Yo no quise decir eso!* Barcelona: Ediciones Paidós Ibérica, 1991.

UMPHREY, MARJORIE. *Getting to Know You*. Irvine (California): Harvest House, 1976.

VAN PELT, NANCY. *The Compleat Marriage*. Hagerstown (Maryland): Review and Herald Publishing, 1979.

____.*The Compleat Marriage Workbook*. Hagerstown (Maryland): Review and Herald Publishing, 1984, revised 1987.

____.*The Compleat Courtship*. Hagerstown (Maryland): Review and Herald Publishing, 1982.

____.*The Compleat Courtship Workbook*. Hagerstown (Maryland): Review and Herald Publishing, 1984, revised 1987.

____.*The Compleat Parent*. Hagerstown (Maryland): Review and Herald Publishing, revised 1985.

_____. *The Compleat Parent Workbook.* Hagerstown (Maryland): Review and Herald Publishing, 1984.

VISCOTT, DAVID. *The Language of Feelings.* New York: Pocket Books, Inc, 1976.

Existe edición en español: *El lenguaje de los sentimientos.* Barcelona: Círculo de Lectores, 1991.

WAHLROOS, SVEN. *Family Communication.* New York: Signet Books, 1974.

WAKEFIELD, NORMAN. *Listening: A Christian´s Guide to Loving Relationships.* Dallas (Texas): Word Inc, 1981.

WHEAT, ED. *Love Life for Every Married Couple.* Grand Rapids (Michigan): Zondervan Publishing House, 1980.

Existe edición en español: *El placer sexual ordenado por Dios o Amor que no se apaga.* Minneapolis: Editorial Betania: 1984.

WRIGHT, H. NORMAN. *Communication: Key to Your Marriage.* Glendale (California): G/C Publications, 1974.

Existe edición en español: *Comunicación: clave de la felicidad conyugal.* Terrassa (Barcelona): Clie, 1990.

_____. *More Communication Keys for Your Marriage.* Ventura (California): Regal Books, 1983.

_____. *Romancing Your Marriage.* Ventura (California): Regal Books, 1987.

ZUNIN, LEONARD AND NATALIE. *Contact: The First Four Minutes.* Los Angeles: Nash Publishing, 1972.

BIBLIOGRAFÍA
USADA
EN LA REDACCIÓN DE LA
VERSIÓN ESPAÑOLA

AGUILAR, ISIDRO - GALBES, HERMINIA. *Enciclopedia salud y educación para la familia*, 1ª ed. (2ª imp.), Madrid: Safeliz, 1999.

CARNEGIE, DALE. *Cómo ganar amigos e influir sobre las personas.* 14ª ed., Barcelona: Edhasa, 1995.

MEAD, MARGARET. *Sexo y temperamento* (trad. de *Sex and Temperament in Three Primitive Societies* por Inés Malinow). Barcelona: Paidós Ibérica, 1982.

MELGOSA, J. *¡Sin estrés!,* Serie Nuevo Estilo de Vida. Madrid: Safeliz, 1994.

GRENOUILLOUX, M. *Saber escuchar. Comprender, anotar, retener* (versión española de José L. Arriaga de la obra francesa *Savoir écouter. Comprendre, noter, retenir*) Bilbao: Mensajero, 1977.

RICHAUDEAU, FRANÇOIS. *Los secretos de la comunicación eficaz* (versión española de Jesús Mendibelzúa de la obra francesa *Les secrets de la communication efficace*). Bilbao: Mensajero, 1976.

VAN PELT, NANCY. *Cómo triunfar en al amor.* Florida: Asociación Publicadora Interamericana, 1988.

_____. *Felices para siempre,* sexta edición. Nuevo León (México): Publicaciones Interamericanas, 1987.

_____. *Construyendo una familia feliz.* Nuevo León (México): Publicaciones Interamericanas, 1985.

_____. *Hijos triunfadores.* Nuevo León (México): Publicaciones Interamericanas, 1987.

Procedencia de las ilustraciones

Todas las fotografías que aparecen en este libro, salvo las que se indican, han sido realizadas por Ludwig Werner.

Chicharro, Ángel S.: dibujo pág. 17.

Corbis Images: 97

Hernández, Andrés: pág. 179.

Index: 9, 38, 58, 167.

> tapa delantera (William Foulder),
> pág. 14 (Daniel Allan),
> pág. 67 (J. P. Fruchet),
> pág. 75 (L. Williams),
> pág, 132 (M. J. Llorden),
> pág. 145 (M. Legge),
> págs. 139, 156 (Zarember),
> pág. 172 (Vloo).

MEV-Verlag: 10 (b), 11 (b), 22, 33, 35, 43, 48, 51, 57, 91, 105, 108, 119, 128, 136, 148, 161, 169

Niehoff, Ulrich: 84, 89, 123.

Tejel, David: pág. 60 (cedida).

Tejel, Andrés: págs. 30, 34, 36, 37, 62, 87, 106, 135, 153, 155, 158.

Weindl, José María: pág. 55.

Los **cuadros y gráficos** han sido realizados en Editorial Safeliz mediante un sistema infográfico digital.

ÍNDICE ALFABÉTICO